革命文獻與民國時期文獻
保護計劃

成果

革命文献与民国时期文献保护计划成果

民国时期

重庆电力股份有限公司档案汇编

重庆市档案馆◎编

唐润明◎主编

學苑出版社

图书在版编目（CIP）数据

民国时期重庆电力股份有限公司档案汇编 / 唐润明主编. -- 北京 ：学苑出版社， 2022.9
ISBN 978-7-5077-6497-0

Ⅰ. ①民… Ⅱ. ①唐… Ⅲ. ①电力工业－工业企业－历史档案－汇编－重庆－民国 Ⅳ. ① F426.61

中国版本图书馆 CIP 数据核字（2022）第 173107 号

责任编辑： 战葆红
出版发行： 学苑出版社
地　　址： 北京市丰台区南方庄 2 号院 1 号楼
邮政编码： 100079
网　　址： www.book001.com
电子信箱： xueyuanpress@163.com
联系电话： 010–67601101（营销部）　67603091（总编室）
经　　销： 新华书店
印 刷 厂： 北京建宏印刷有限公司
开本尺寸： 889 × 1194　1/16
印　　张： 290.75
版　　次： 2022 年 10 月第 1 版
印　　次： 2022 年 10 月第 1 次印刷
定　　价： 4900.00 元（全九辑）

革命文獻與民國時期文獻整理出版工作委員會

革命文獻與民國時期文獻整理出版編纂委員會

革命文獻與民國時期文獻整理出版學術顧問

（按姓氏筆畫排序）

前　言

本书是对重庆市档案馆馆藏民国时期『重庆电力股份有限公司』档案全宗的首次影印汇编。重庆电力股份有限公司是民国时期重庆（也是战时大后方各省）最大最重要的电力生产企业，对近代重庆的城市建设、人民生活、工业建设方面的存续和改善做出了极为重要的贡献，是近代西南民族工业的重要代表。本书对该机构档案的整理出版被列入国家重点档案保护与开发项目，同时也是国家图书馆『革命文献与民国时期文献保护计划』成果。

原档案全宗共四百一十四卷，本次选编收录档案时间起止为一九三五年一月至一九五〇年一月，较为全面地呈现了重庆电力股份有限公司从筹备成立到重庆解放时对该公司逐步改组接收期间的历史情形。档案的选编思路、编排方式在本书《编辑说明》中有所交代。该档案本身保存较为完整，内容固然极为丰富，但在筹备前、接收后及当时电力工业整体情况的反映方面还是有所不足，编者谨对相关历史背景、该机构沿革及选编档案的大概内容和价值进行简单介绍，希望有裨于读者。

一、全面抗战前我国电力工业情况

早在李鸿章、张之洞等人推行洋务运动期间，有关电磁学和电力的知识已经译介进入我国。十九世纪七十年代，人类开始进入电力时代。一八七九年，在上海虹口的一家外商仓库里，一台仅十马力的发电机运转成功，它所点燃的弧光灯是电力在我国的首次运用；一八八二年四月，三名英国商人在上海筹资创办了我国首家电厂——上海电光公司（Shanghai Electric Company），为上海提供照明服务。『它比法国巴黎世界上第一座发电厂晚七年，比英国伦敦霍而蓬（Holborn）发电厂晚六个月，却比美国纽约珍珠街（爱迪生所创设）发电厂早两个月，比日本东京电灯公司更是早了五年。』[一]国人自办的首家电力企业京师华商电灯有限公司则于一九〇四年创设于北平。此后，大大小小的电力企业在沿海及内地一些重要城市中发展开来。到一九三六年，全国发电设备总装机容量已达百万千瓦，居世界第十四位。

这一时期（一九三六年以前）的中国电力工业克服重重困难，逐步取得了可观的成果，并进入了良性的发展轨道。在发电规模和技术方面，上海电力公司是其中的佼佼者，『一九三〇年前后，上海电力公司基本上能跟上工业化国家的先进水平』[二]；在电机工程的制造、教育、

[一] 潜伟、王洛印：《世界技术编年史·采矿冶金　能源动力》，山东教育出版社二〇一九年版，第四一一页。
[二] 汪剑平、闻人军：《中国科学技术史纲》（修订版），武汉大学出版社二〇一二年版，第五七〇页。

研发等方面也有了一定的独立发展，一九三四年成立了中国电机工程师协会，在制度引导和保障方面，国民政府已经发布了一系列法律规章，以对电力行业进行一定的规范化。但这一时期我国电力工业发展的劣势同样是明显的，核心技术研发力量薄弱、市场局面展开不利、外资占比过半，最重要的是，在地域分布上极不均衡。据孙玉声《抗战八年来之电气工业》中『战前全国电气事业分省统计表（一九三六年）』的数据显示，上海、江苏、浙江、山东、河北、福建、广东等沿海各省市，共占有发电容量之百分之九十以上[一]。此时之四川，在落后的西南西北各省中尚属拔尖者，而其一九三六年时的发电容量仅为五千一百七十二千瓦（仅重庆电力厂即三千千瓦），占全国总量百分之零点八四五，发电度数为一万零三百八十一度，占全国总量的百分之零点一六三。在当时日本帝国主义明火执仗的侵略威胁之下，这种地域分布上的不均衡所带来的危险显然是致命的：当抗日战争全面展开，东部全部沦陷时，『我国几已全无电气事业可言矣』。

而国民政府西迁之后，向来缺乏建设的大后方西南西北成了战略维持的基本盘，重庆则成了大后方生产建设的核心所在。当此国家民族存亡之际，关系到军事战力的重工业和军工业体系建设成为社会运转的首要目标，而几乎所有这些重要的工业生产，都离不开电力。

二、重庆电力公司的筹备和组建

电业的发展形式受技术限制，又与城市的人口和工业规模相关。早期『多为小型电厂，发电容量有限，输电线路不远，仅能供给小范围之电灯，故称为电灯公司。嗣后电厂扩充，发电容量渐增，除供电灯外，兼供工厂用之电力，称为电气公司。最近十余年来，繁盛之商埠都市，或交通中心及工业区域，应事实上之需要，次第扩展兴建较大之一二等电厂，及以供给电力为主，电灯为副，故其名称遂多改为电力公司』[二]。

此处所称一等二等电厂，依据《电气事业取缔规则》以发电机组容量划分，超过一千千瓦为二等，超过一万千瓦为一等。重庆虽然号称西南重镇，但它的区位地位是在一八九一年开埠通商之后才得以凸显，并获得缓步发展。重庆电力股份有限公司创立之前，重庆仅有的烛川电灯公司一直未能达到二等规模。

一九〇三年，重庆绅商刘沛膏为富商李耀廷觅得一百千瓦直流柴油发电机一部，装灯四十至五十盏用于祝寿，这是电灯出现于重庆的所见最早史料。清光绪三十二年（一九〇六年），刘沛膏等集资试办电厂时，得到李耀廷等人鼎立资助，然该厂所发电力，只供附近一些商家照明用电。一九〇八年，重庆商会招股集资筹建民营烛川电灯公司，并报经清政府农工商部立案，获专利权三十年，于次年建成营业。这是重庆电力公司的前身。

[一] 曾妍、王志昆、袁佳红主编：《中国战时首都档案文献·战时科技》（上册），西南师范大学出版社，二〇一七年版，第一一七七至一一七八页。

[二] 谭熙鸿主编：《十年来之中国经济》（上册），中华书局一九四八年版，第J章第一页。

该烛川电灯公司『资本微薄，设备简单，又因年久失修，机器窳败，遂致灯光暗淡，时来时辍。民国十八年（一九二九年），渝城大火，该公司机器，复有一部，竟召焚如。市府迭饬振新，卒以无法改进。重庆近年市政聿张，工商发达，需用电力既急且巨。初拟由自来水厂附带经营，亦未举办。为应时势之需要，跻市场之繁荣，实非从新创一伟大完整之组织，不克供给裕如』[一]。

一九三二年冬，重庆市政府决定以三十万元（实付二十四万元）收购烛川电灯公司，并设立临时营业处继续营业。次年八月，烛川公司正式移交重庆市政府。[二]

重庆电力股份有限公司是在收购烛川电灯公司基础上扩增而成。收购烛川公司的目的，是为获得其营业权并对重庆的电力供应进行业务升级，以满足日益高涨的电力需求。收购时，烛川的发电容量仅四千千瓦，所发电力架设五条线路供上、下半城部分地区照明用电。发起筹设新厂的是重庆『士绅』潘仲三（潘文华）、刘航琛、石体元、康心如、傅友周、陈怀先、胡仲实等七人。他们『料酌当时需要情形，设计购置一千千瓦电机三部，于廿二年夏动工建筑厂房，装安机器，敷设线路，于廿三年七月告成』[三]。该电厂由华西兴业公司承包设计，为求水陆交通方便，厂址建于大溪沟古家石堡。[四]一九三五年一月二十二日，重庆电力股份有限公司举行第一次董事会，除原发起人六人（缺傅友周）外，另有董事卢作孚、周季悔出席。会议选潘文华为董事长，康心如、胡仲实为常务董事。

民国二十三年（一九三四年）开始发电时，仅有一千千瓦透平机（指该电厂火力发电所用汽轮机）三部。一部系美国奇异厂制造，[五]二部系英国茂伟厂制造，锅炉三座均系由英国拔柏葛公司供给。至廿五年春，最高负荷已超过二千千瓦，乃再向英国茂伟及拔柏葛两厂订购四千五百千瓦透平机及锅炉两套，于廿七年春装竣发电。

［一］任竞、袁佳红点校：《九年来之重庆市政》，西南师范大学出版社二〇二〇年版，第七七页。

［二］重庆市地方志编纂委员会：《重庆市志·电力工业志》（第四卷上），重庆出版社一九九九年版，第一五七页。

［三］重庆电力公司概况，重庆市档案馆馆藏档案（以下简称重档，编号为：全宗号-目录号-卷号）0219-2-191。

［四］据《九年来之重庆市政》，建设过程如下：『二十一年（一九三二年）九月，市府承奉二十一军明令，组设重庆市电力厂筹备处，函聘市绅十数人为筹备员，协同办理，藉收众擎易举之效。其职掌为接收旧电灯公司及创办新厂。一切事宜，预计费用二百万元。经开会议，决完全募股，以期收集容易速底于成。关于全部工程，则委托华西兴业公司承包设计。范围除大城及新市区外，其江北、南岸两区，均总括在内。仿照各大都市办法，每日供电二十四小时。采用三相式交流……建筑新厂房于水陆两便之大溪沟古家石堡。……按照华西合同规定，自二十二年（一九三三年）四月起，十八个月完工。经积极进行，结果在二十三年（一九三四年）七月即已正式供电于自来水厂，至八月，新市区完全通电，十月一日开始供给城区，昼夜通彻，光亮夺目。市民报装者日不暇给。』

［五］公司成立时，原本自购一千千瓦两套，第三套为备用，据《九年来之重庆市政》：『因念渝市状况日异月新，现有一千启罗华特（千瓦kW之音译）总机二部，目前固足敷用，但将来人口日增，需用日繁，必致供不应求，难资普及。于是议定添购杭州电厂所存之一千启罗华特电机一部，运渝装安，以作备件。故现在电力容量实为三千启罗华特。设置就绪，筹备完成，遂于二十四年（一九三五年）二月成立公司，开始营业。同时可开两部，实有二千启罗华特之力量以供市民之用。』

一九三七年二月十八日，重庆电力公司正式向四川省政府建设厅呈交了设立登记申请文稿，其名称正式定为『重庆电力股份有限公司』，总资本二百万元，『专营供给全市电光、电力及电热业务』。[一]文稿所附《股东名录》清晰记载了电力公司股权投资者三十六户，共计二万股，除市政府独占鳌头的三千股外，领衔者以刘甫澄（刘湘）排首位，多一千和一千五百股，而其中刘航琛、郭文钦、张必果、胡汝航、傅友周、甘典夔等人皆以机构（多为银行）和个人名义占多户。其他持股者如卢作孚、范绍增、何北衡、杨伯昌等也皆为政商界一时之选。虽然重庆电力公司注册时是以民办形式（四川各银行、商号、名流），但事实上多有政府背景，而且基本为刘湘部所掌控。该正式登记文稿所附另一重要文件《创立会决议》申报的公司董事人员与初创时期也有所区别：将董事长人选由事务繁忙的潘文华改为精通财政的刘航琛。

重庆电力股份有限公司创立时，除大溪沟所在电厂外，另于第一模范市场设立公司办事处。一九三七年七月，大溪沟发电厂正式登记为『重庆电力厂』。[二]

对于该公司的成立时间，颇费思量。电力公司早于一九三二年已经筹备启动。一九三四年七月即供电与自来水公司。首次董事会召开时间为一九三五年一月。正式营业时间为一九三五年二月。如果按照《公司法》惯例以公司股东召开『创立会』的时间为设立时间，重庆电力股份有限公司应自一九三六年一月二十五日始告成立。但按照该公司董事会第十次会议，『「本公司自去年（一九三五年）二月即已开始营业办事，迄今如登记和股额各项手续皆未完成，依法皆有未合，应如何处置案」决议：「自民国二十四年十二月三十一日以前作为筹备时间。廿五年（一九三六年）一月一日起始作为公司成立。」』[三]

三、战时重庆电力公司的困难和应对

我们可以将重庆电力公司的沿革历程大致分为全面抗战之前的筹备和初创期、全面抗战之八年时期、战后和解放战争时期。这三个时期所面临的局面明显有所不同，而相同的是，在各个时期里几乎都找不到一个较长的业务平稳时间段，而全面抗战之八年期间尤甚。

从公司管理制度的修补和完善、发电厂的改组搬迁、供电站和线路的铺设、轰炸后的抢修、财务上的融资和借债、偷电问题、电价问题、与其他厂矿企业商讨购电和供电、为增设电机扩大发电量而进行的尝试等等方面，都能反映出重庆电力公司为勉强维持战时生产生活需求与公司财务平衡所致的紧张和焦灼。在现存档案中，所记载的内容远比上述类举的更复杂，其中的事件和细节众多、因由错综，非本文篇幅所能囊括分述，此处仅就该公司在战时所面临的局面及大致应对情况进行简单介绍。

[一] 关于检呈重庆电力股份有限公司设立登记文稿上四川省建设厅的呈（附公司章程、股东名簿、营业概算书等）（一九三七年二月十八日），重档 0219-2-193。

[二] 重庆市政府签发的『重庆电力厂』工厂登记凭单，重档 0219-2-191。

[三] 重庆电力股份有限公司董事会第十次会议纪录（一九三六年一月一日），重档 0219-2-320。

重庆电力公司以董事会为决策机构，由总经理、协理负责管理。由于抗战期间（及战后）重庆局势日夕万变，该公司董事会始终面临着数不尽的大小事务需要决断和筹谋。除常设的股东会、董事会会议之外，经常需要召开紧急股董会，一九四四年之后为维持公司财务不致崩溃，更设置了临时维持委员会，召集董事七人及总经理、协理等进行每周例会，以应付时局。

电力公司日常业务有秘书、总务科、会计科、稽核科、购料委员会等公司部门协同处理，最核心为总工程师室。总工程师室下设：负责营业、工程的三个办事处；负责修配、管理发电的三处发电厂；负责机械、线路、化验的工务科；负责用户、票据、抄表、收费的业务科。这些负责实际工程和供电的部门承担了电力公司的主要业务工作。重庆电力公司重要职工大多有高等学历，一般职工也有中学以上学历，由于战时业务繁杂，职员一直在增加。[一]

战时重庆所面临的主要直接威胁是来自日机的轰炸。发电厂是陪都工业的命脉，更关系民众生活及众多科研、政府机构的日常运转，自然成为轰炸的首要目标之一。为避免发电机炉过于集中，重庆电力公司于一九三八年奉委员长重庆行营令，疏散机器以规避风险，『乃设分厂于南岸（即今之第二厂），移装一千千瓦机器两部，而售出效力较差之一千千瓦机器一部。廿九年（一九四〇年）复奉令[二]疏散机器，再设分厂于鹅公岩（即今之第三厂），移装四千五百千瓦机炉一套。』[三]此外，该公司还在李子坝建了一座备用的发电站，其发电量仅为三百四十千瓦。[四]在历次轰炸中，公司发电厂『虽中弹多次，幸未中要害，故发电部分损失尚微』[五]。

如果说发电厂部分尚能靠防空掩体来努力保护，并侥幸得存，而遍布市区各处的供电设施，每次空袭之下则无不损失惨重。在导致公司增加大量设备维修、替换开支的同时，也增加了各重要企业的停电威胁。不稳定的电力供应对很多工业门类来说往往造成非常不利的影响，而在战时，这种不利的影响被成倍放大了。以当时西南唯一的水泥生产者四川水泥厂为例，该厂位于重庆南岸玛瑙溪（电厂在此处设有专门变电站）：『每遇警报，全市人员逃避一空，电源断绝，正在开动之机器不得不被迫停转，以致未化生料停凝窑内，结成大块，无法继续生产。解除警报后，设尽种种方法以清理之……平时电源正常供给，机器转运有定，一切皆循正轨。但在战时，则电力供应作辍无常，兼以电压不足，机器每不能开动，或勉强开动而发生异状……历兹数年，渐成废坏不堪使用。』[六]

[一]到一九四九年时，公司职工扩张到三百余人，聘用工人八百余人。据：重庆电力股份有限公司关于检寄公司概况致中央银行贴放委员会的函(附概况)(一九四九年三月二十二日)，重档 0219-2-230。

[二]据重庆电力股份有限公司困难状况概述（重档 0219-2-116）：廿七廿奉委员长重庆行营咨信字第 6897 号训令，命将一千千瓦机两部移装南岸弹子石。廿九廿六月廿六日，奉委员长手令及廿九日经济部工字第 62686 号通知，将四千五百千瓦一部移装鹅公岩山洞内。

[三]重庆电力公司概况，重档 0219-2-191。此处售出的效力较差的一部机器为销售给渝鑫钢铁厂。

[四]重庆电力股份有限公司南岸分厂设立经过等（重档 0219-2-112）载《李子坝应急电厂借机及装机经过》：本公司于二十八年一月奉经济部令设置应急电厂用备总分两厂被炸后尚可供路灯之用，由资源委员会拨借三百四十千瓦柴油发电机一部……为求安全起见，选择李子坝建设新村为厂址，开凿山洞安装此机于山洞内。

[五]重庆电力股份有限公司损失总结算，重档 0219-2-116。

[六]抗战时期的四川水泥公司（一九四六年七月），《中国战时首都档案文献·战时经济》，西南师范大学出版社二〇一七年版，第七二三页。

战时导致停电的原因除分区、分时供电及线路遭破坏外，发电机炉的老化也是重要因素：『战时受敌人疲劳轰炸，亦随毁随修，继续维持供应。以致机炉弊旧不堪，不时发生故障，必须临时停工修理。』[二]

分散机炉是战时电力公司最重要的举动，不仅凭空多出大量财力人力物力消耗，对供电也产生了不小的影响。南岸分厂一九三八年十一月奉令迁移，一九三九年六月方完成，鹅公岩分厂自一九四〇年奉令迁移，一九四二年方得供电。但开设分厂仅是为避战险，要增加供电，唯有增加机组一途。『公司在民国廿九年复向英国茂伟及拔柏葛两厂订购四千五百千瓦机炉一套，不幸锅炉到越而海防沦陷，机器制竣而滇缅路断，此项增加发电设备因之损失。』[三]『三十三年战时生产局成立，曾计划添装五千千瓦，机件已运抵印度，未能内运，战事即告结束，计划于焉中阻。』

抛开发电容量停滞不论，抗战期间在输电区域扩展方面则取得了相当成果：『二十三年开始发电时，供电区域仅重庆城区及江北南岸之小部份。自廿六年国府西迁，工厂内移，供电区域遂大扩充。新市区方面达鹅公岩沙坪坝新开寺，南岸方面上游达李家渡、下游达大佛寺，江北方面上游达石门坎、下游达青草坝。』[三]可见在力所能致的方面，重庆电力公司仍做出了相当努力。

四、抗战胜利后重庆电力公司的经营危机

重庆电力公司在供电业务上所遭遇的困难和损失，最终都转化成了公司的财务危机。由于分设三厂，线路和员工费用激增，导致公司财务困难。电价被限制之后，公司全靠政府补贴维持。『每月电费收入为法币一千五百万元时，补贴数目达一千万元，嗣又随物价上涨程度逐渐增加为二千万元。』[四]在抗战胜利之后，这种补贴被取消了，而在史无前例的恶性通货膨胀之下，对电价的限制却没有取消。根据朱大经《十年来之中国电力》中所载『战前与战后电价比较表』：截至一九四七年九月，电价与一九三七年之前相比，电灯电价增加二万倍、电力电价增加五万倍。而此时电价仍远低于物价涨幅。在物价、人工、配件、燃料价格的上涨，作为唯一收入来源的电费价格仍被政策压制，而政府的补贴则主要限于燃料价格补偿，这为重庆电力公司带来了持续的大额亏损。

除此之外，造成战后重庆电力公司经营危机的原因仍有许多值得注意的地方。

[一] 重庆电力股份有限公司困难状况概述，重档 0219-2-116。
[二] 重庆电力公司概况（一九四八年一月十二日），重档 0219-2-191。
[三] 重庆电力股份有限公司关于遵令编具重庆电力股份有限公司概况致重庆市工务局的代电（附概况）（一九四八年一月十二日），重档 0219-2-191。
[四] 重庆电力股份有限公司困难状况概述，重档 0219-2-116。

一方面是用电需求的不减反增，支出更大：抗战胜利以后，原本分散于市郊的人口纷纷向市区集中，用电量激增。截至一九四九年三月，接电灯用户一万八千七百六十户、电力用户八百一十六户。[一]而『公司电价因受管制，收入几成固定，而需用之燃煤、五金器材不问其价格如何，凡为发电所需者，均属不能减少。设收支失其平衡，每月不敷之数以三十六年而论，由数亿元至十数亿元中间。除追收旧欠外，完全举债以渡。物价波动不已，今后当有增无已』[二]。

另一方面则是电费回收难的问题。这又可以从几个方面来看：其一，重要机关学校有三分之一的电价优待，而政府承诺的三分之一补贴则经常迟迟拖欠不发；其二，各机构窃电严重；其三，由于技术和设备落后导致的输电损失。仅计较后两项，到一九四九年时，该公司每月发电五百余万度，而实际抄表所得仅二百五十万度，可谓损耗惊人。

在焦头烂额于财务失衡问题外，公司最关心的应属设备更换和添置问题。『发电厂各种设备之平均寿命约二十年，本公司于廿三年开始发电，大部资产虽只经过十三年之使用，四千五百千瓦发电设备系廿六年装置，只使用十年，但发电设备因八年来之昼夜不息之过重工作，从无整修之机会，已损坏不堪，寿命将尽。供用设备经几年之轰炸亦破坏甚多，大部分须弃旧换新。……原有资产均须弃置，即不致完全成为废铜烂铁，残余价值亦极有限。』[三]对于电力公司在战时所做出的重大牺牲，国民政府在战后确实也做出了补偿承诺，但这种补偿是以物价未高涨之前的作价来折旧，换作当时法币实无补于事。电力公司在为此申述时，以退为进地道出了设备陈旧可能引发的严重问题：『不仅随时停电，减少收入，增加修理费用，若不幸发生重大故障，更有不能修复供电之危险。』[四]

为购置新机，重庆电力公司先后做出了许多努力。一九四八年，『请政府速为配拨业已核准之日本赔偿电机二万五千千瓦，至少亦请提前拨借五千千瓦机二套以便充实发电设备』似乎未有结果。此前，政府『准由国家银行贷款订购一万千瓦新机一套，两年半交货，分期付款』[五]，然而因外汇价格高涨，核准贷款明显不足，电力公司多番筹措，到一九四九年时最后一期（第三期）外汇款尚未结汇，迟迟无法收货。抗战末期，由资源委员会配拨的五千千瓦机器一套各部件也是迟至一九四九年初方陆续运抵重庆。此外，重庆电力公司并做出计划，要购买资源委员会长寿电厂所属上清洞发电厂之电力用于转供。[六]

[一] 重庆电力股份有限公司关于检寄公司概况致中央银行贴放委员会的函（附概况）（一九四九年三月二十二日），重档 0219-2-230。
[二] 重庆电力公司概况（一九四八年一月十二日），重档 0219-2-191。
[三] 重庆电力股份有限公司损失总结算，重档 0219-2-116。
[四] 重庆电力股份有限公司困难状况概述，重档 0219-2-116。
[五] 重庆电力股份有限公司现状，重档 0219-2-116。
[六] 重庆电力股份有限公司关于检寄公司概况致中央银行贴放委员会的函（附概况）（一九四九年三月二十二日），重档 0219-2-230。

五、重庆解放时电力公司的遭遇和解放后情形

面对内战军事上的总崩溃，国民党于一九四九年七月在广州成立非常委员会，推举蒋介石再次出山。八月二十九日，蒋介石在重庆召开军事会议，提出『确保大西南』的方针，部署西南防线达九十万兵力，试图演绎陪都旧略，再次固守西南，以待时变。中国共产党以第二野战军进行迂回攻略的同时，按中共中央华中局委员钱瑛所提『保存力量、保护城市、迎接解放、配合接管』的核心方针，积极发动川东地区群众，有效地进行统战工作，人民解放军所到各县很快收复，十一月二十六日即进逼重庆，三十日即在重庆工商界代表欢迎下分路进入市区，受到重庆人民热烈欢迎。

重庆解放本身并没有进行过于激烈的战斗，然而蒋介石在割据图谋破灭之前，进行了最后的疯狂之举。除制造震惊中外的重庆『11·27』屠杀惨案之外，还于逃离前执行大规模的破坏工厂计划。据负责执行的保密局局长毛人凤表示：『广州撤退时……破坏不彻底……总裁（指蒋介石）极为震怒。现在总裁指示在重庆撤退前将重庆的各兵工厂、水电厂……予以破坏，叫我负责主持，这件事情真是责任重大。』[一] 毛人凤得令后，于十一月二十一日召集保密局、重庆卫戍司令部、警察局等部要人，成立了一个重庆破厂办事处（又称破坏指挥部）。其破坏的首要对象有十七个，除三个飞机场、军械总库、广播电台、七家主要兵工厂（及两家分厂）外，重庆大溪沟电力厂和长寿水电厂赫然在列。

这次破坏以『一年不能恢复生产为原则』，事实上，对各兵工厂的破坏，动力设施（以发电设备为主）也是主要方面。据《新民报》一九四九年十二月六日刊载：『此次受蒋匪军破坏之动力厂除电力公司外，尚有大渡口钢铁厂（能发电三千千瓦）、铜元局兵工厂（能发电三千千瓦）、郭家沱五十兵工厂（能发电三千二百五十千瓦）、二十兵工厂（能发电二千千瓦）、磁器口发电厂（能发电一千五百千瓦）……』

长寿水电厂于十一月二十七日遭到破坏。对重庆电力公司的破坏则有所曲折。

实际被破坏的主要是鹅公岩第三厂，据事后记载：『上月（十一月）廿九日下午十二时许，突有武装部队分三路袭击鹅公岩第三厂，驱逐职工立刻离开工作地点，即将锅炉洞前护厂武装解除，随入洞内锅炉房安放炸药六箱，顷刻之间，锅炉炸毁，水塔被焚，一部分机器房未被该队查觉，幸得保全。事后清查锅炉房工人卢树清、彭子青、高元成、蒲兴国、李小丰、彭桂林六人因不及逃避炸死，透平洞工人数名受轻伤。』[二]

[一] 郭旭：《重庆、成都解放前夕蒋介石指使的大破坏与大屠杀》，载《重庆解放档案文献资料汇编》（下册），重庆出版社二〇一七年版，第七八九页。

[二] 重庆电力股份有限公司董事会临时紧急会议纪录（一九四九年十二月二十三日），重档 0219-2-325。

而原破坏计划的主要目标大溪沟电厂则侥幸得保：『上月廿九日上午九时，有武装部队三十余人乘卡车两部直至大溪沟……五时半，本厂护厂队即退至锅炉与机器房门口把守，准备与之拼命。一面由我方续与恳商请其保全市民照明。直至六时许，宣（宣善嵋，领队）接得一纸条，始悻悻率队而去。』次日，『至晚间十时半，解放军冒雨派兵一排由工业会王道衡先生领导前来，始稍放心。』该处电厂破坏计划的临时放弃显然有隐情，据破坏事件亲历者郭旭被捕后记载：『抵山洞后，听说大溪沟电厂工人勇敢进行护厂，与掩护破坏部队发生冲突，同时杨森不主张破坏，因而没有破坏。』[一]

伴随着国民党的溃逃、重庆的正式解放，这最后一次的设备破坏，几乎成了压垮重庆电力公司所勉力维持之财务和心理平衡的最后一根稻草。无论电力公司还是重庆电力工业整体的颓坏局面都必然需要被改变。

本编档案内容一直延续到一九五〇年一月，西南军管会派员入股重庆电力公司，并组织新的股监联席会为止。在一九五〇年一月六日召开临时董监联席会时，时任重庆军管会委员罗士高率李仲直（市人民政府首任建设局长）、李文采（西南军政委员会工业部副部长）等莅临，听取了鹅公岩发电厂的搬迁修复方案，由罗士高组织七人专项小组另外商讨。该次会议之后仅两天，于一月八日召开了紧急董监联席会议，定议由『公股』罗士高、李仲直、李文采、仇世哲，『商股』田习之、杨灿三、石竹轩等七人组成常驻董监会，并得授权处理公司全部事宜。[二]重庆电力公司以相对平缓的方式被改组和接收，在短暂的调整后，便像共和国其他各行各业一样，开启了全新的篇章。[三]

六、对重庆电力公司的历史评价及该机构档案的研究价值

工业革命不可逆转地改变了世界，也重塑了人类的生活形态。这一过程是迅捷的，也是漫长而深刻的，数个世纪以来，各民族各国家人们的大部分思想和工作都被这一场没有边际的技术革命所裹挟。当晚清政府被蒸汽革命的军事工业成果挫败并纠结于科技变革的政治利弊之时，一场更加广泛而深远的电力革命正从欧洲蔓延至美国。如果说蒸汽动力是人类数千年手工生产中的一个异变，电力的使用则将这种异变常态化了。电力被用作能源，完全是近代科学思想的结果，对它的理解、制取、传输、利用都有着较高的技术壁垒，加之生产链的复杂、对生产规模和市场规模要求高，因此天然地具有技术垄断性。

[一]《重庆解放档案文献资料汇编》（下册），第七九二页。

[二] 重庆电力股份有限公司董事会临时紧急会议纪录（一九四九年十二月二十三日），重档 0219-2-325。

[三] 据《重庆市志·电力工业志》（第四卷上）：一九五一年八月至一九五二年七月，大溪沟电厂进行扩建，安装两台五千千瓦汽轮发电机组。同时恢复改造旧电网，一九五〇—一九五二年将大溪沟、弹子石、鹅公岩三个电厂的高压线路统一改造升压，形成统一电网。到一九五二年底，全市装机容量达二点六三万千瓦。

中国近代电力工业的首批垄断力量是外国企业与外资在华企业。在很长一段时期里，无论发电容量、市场占有量、电机和电器制造技术方面，外企都占绝对优势地位，官僚资本、民族资本只是其中配角。第一次世界大战给了中国一次喘息的机会，但蓄谋已久的日本帝国主义很快埋葬了国民政府初期『黄金十年』的迷梦，也阻止了我国在这场电力生产革命中快速追赶的脚步，几乎等于推倒重来。

在西迁时，政府组织『在常熟、九江、汉口、连云港、郑州、长沙、宜昌、及浙赣路各地，拆移电设备三十余套，器材总重在五千吨以上，后方电气事业得有今日之基础者，大半赖于此项拆迁之旧机』[一]。事实证明，这一场抢运对大后方工业来说确实居功至伟，因为直至抗战胜利，后方工业始终没能在电机制造方面迈出实质性步伐。

重庆电力股份有限公司的成立原本是领西南之先，在一九三七年以前，其发电容量即达到一万二千千瓦，虽然与沿海各重要城市上海、南京、广州等地相比仍有相当差距，但确实远高于西南西北各地，其发展基础可称良好。然而当时间推移到一九四五年、一九四九年，该公司的发电量仍然位居西部第一，却仍然未能超越一万二千千瓦时，所暴露出来的问题就极为严重了。[二]或许不能简单按照用电量来衡量一地经济的发展，然而用它来衡量当时的重工、军工生产，应当有相当参考价值。这与我们通常所知战时文献中大后方工业虽然艰难辛苦却蒸蒸日上（尤其重工业）的印象是不协调的，其中的因由也确实值得仔细分析。

国民政府西迁重庆之后，带来大量的内迁企业、大量的高需求人口和相对集中的投资资本。重庆人口从战前四十多万增加到抗战胜利后一百多万，工矿企业从战前零星的轻工业、半手工业，增加到战时以重工、军工为主的千余家重要企业，抗战结束时市场总电力基本需求已达到两万千瓦以上（很明显，这还是处于完全未激发状态的冷需求）。独占整个重庆电力市场的重庆电力公司原本具备了迅速扩张的大好机遇。但这种机遇却由于多方面的限制而没有帮助电力公司取得商业营收上的大成功，反而带来了巨大的供电压力，将电力公司牢牢吸附在反轰炸战争和陪都建设供电服务的漩涡中。

这种限制是多方面的：重庆地方势力与国民政府中央的角力、战时煤炭资源开采紧张、国际货运的中断、着力发展水电的大方针，最主要的还是由于技术落后，而致设备陈旧、短缺却无法更换、增添。

一方面，大后方所能生产的电机容量太小[三]，用处极受限制。另一方面，『由于旧中国电力工业的发电设备陈旧，技术落后，因此电厂的事故多，设备利用率很低，煤耗高、热效率低，线路损失很大。例如，在一九四九年全国一百二十一点八七万千瓦发电容量中，实

[一] 抗战八年来之电气事业，《中国战时首都档案文献·战时科技》（上册），第一一七九页。

[二] 据第一次股东会决议书，早在一九三六年该公司仅有三千千瓦（实际发电二千千瓦）容量时，接户数已达九千多并高速增长不得不尽快筹谋扩容，而到一九四九年时，总接户量仍不足二万。

[三] 据《经济部工矿调整处两年度工作计划（一九三九—一九四〇年）》：『内迁工厂能造电力用五十匹马力发电机者，仅华生一家……至于一百匹马力以上之发电机，暂为原料及厂方设备所限，尚难制造，但嗣后当以此为进行之目的。』另据《中国科学技术史纲》（修订版）第五七〇页：『该厂（华生电器制造厂）在一九三六年已达全盛时期，其制造能力，变压器可至二千 kVA，发电机可至二百千瓦。』

发电只有九十九点九八万千瓦，降低出力百分之十八。……一九三二—一九三四年，线路的损失率分别高达百分之三十八点三、百分之三十四点二和百分之三十六点二』[一]。这大大拉低了售电的收益。

除技术原因外，重庆特殊的『人』的因素或许也无法不加以考虑。重庆电力公司的掌控者一直是潘文华，作为四川地方军阀的代表，潘文华似乎奉行刘湘遗命，以反蒋图存为长期大方针。因潘文华事务繁忙，该公司一直由刘航琛实际代理。[二]而国民政府一直致力于对重要电力企业的国营化，陪都电力供应之重要性自不待言，重庆电力公司成立之初中央政府即以四大银行名义入股，又以银行借贷，政府限价后补贴等方式提高对该公司的掌控力。这两种倾向必然会导致矛盾。

此外尚能提出的原因还有：其他大型工厂的自发电力甚至能挤出少数余裕售予重庆电力公司供城市公用。此外，当时大后方电业以水电为主要发展方向，水力条件优良而技术上可以自主完成，而水电更紧要的是工程修设，对电机制造的要求低于火电（距重庆主城最近的长寿电厂即大获成功，致重庆大批企业移驻长寿）。

对二十世纪工业和经济研究来说，电力工业极为关键。而作为抗战时期大后方最重要的电力企业，重庆电力公司是陪都工业体系的命脉，是民众和相当部分科研教育机构维持正常生活的重要保障，它的发展历程与抗战情势息息相关，更是国民党中央势力与重庆地方军阀、国营资本与民营资本交锋的重要筹码。该公司在抗战期间做出了不可磨灭的重要牺牲，而公司核心业务的长期不良状况无疑也对战时经济和生活造成了负反馈。本书所编档案是该机构相关的最主要文献，能较为全面、完整地展示机构发展的历史情况，并关联战时陪都许多其他重要的企业和人物，档案中绝大部分内容都是独一的。

对重庆电力股份有限公司的研究，目前已经有学者从重庆城市发展、国有资本的入资和控股、对战时轰炸的应对等方面取得了一些成果。从本文的梳理过程中可以看出，已有的研究角度仍然有所不足，在人物、事件、影响等方面都有大量细节有待挖掘，对于此机构在战时重庆经济、工业、轰炸、政治、金融等方面的研究重要性评价不够，对该机构整体发展历史的实际因由仍然有待深入分析。

希望本档案的整理能帮助抗战史、经济史、重庆城市史等方面的研究学者发现一些有价值的线索，并为专门对此机构感兴趣的读者提供查阅方便。学识鄙陋，文章仓促，疏于考论，贻笑大方，读者海涵，鉴之谅之。

编 者

二〇二二年八月

[一] 黄晞：《旧中国电力发展史略》，《中国科技史杂志》一九八五年第三期。

[二] 刘航琛（1896—1975）原本是四川泸县商家，因善于理财，混迹四川政商金融界，是刘湘部主要财政打理者，后被委任四川首任财政厅长，并长期往返出使重庆和南京之间。战后刘航琛图谋染指中央财政，无暇他顾，于一九四九年七月六日的董事会（见档案）上函请辞职。在官场失佑、财务难支的情况下，审时度势，最终逃避香港。刘航琛曾在川康平民商业银行、川盐银行、重庆电力公司、重庆自来水公司、四川水泥厂等企业任董事长、总经理等职。

编辑说明

一、本书是国家图书馆『革命文献与民国时期文献保护计划』成果。

二、本书选编重庆市档案馆馆藏『重庆电力股份有限公司』全宗档案四百余件。重庆电力股份有限公司的筹备时间极长，应始于一九三三年，而正式营业时间可以一九三五年二月一日开始。原全宗档案最早至一九三四年，但一九三五年之前的档案内容较少、不够完整和确切，本次选编档案从一九三五年一月始。而档案选编内容的结束时间定为一九五〇年一月，重庆解放后军管会派员介入该机构并重组董监会为止。

三、本次所选档案文献，均为国内外之前从未刊发过的文献，目前还没有数据库面世。

四、该档案原四百一十四卷，其内容包括：①该公司及各办事处、室、科等各部门概况和组织章程、条例及组织系统表、办事细则、营业章程；该公司及各工厂计划、报告和总结；公司创立会、董事会、股东会、特别维持会、董监联合会等会议记录；职工（工人）保证、奖惩、值班、加班、请假、退职金、年金、恤养金、医药待遇、薪俸、任免、服务、雇用等三十余种规章制度和办法。②该公司呈请设立和厂房、电机、电器设备及线路设计、安装、搬迁、检查等情况的报告和往来文件；公司业务概况、现状及概述，整理水电方案；有关用电、停电、窃电情况报告和处理意见；有关机务、业务概况调查报告；各种合约草案。③该公司职员名册、股东名册、董监人员名册、职员考绩；公司国民党员、青年远征军名册；工资、津贴表；电力调查统计表、工程建设估算表；创业、施工、收入、支出、战时损失等方面的概算、预算、结算书。

五、本书整理时按照内容关联分为组织章程、会议纪录、职员名册、生产经营、计划总结、财务状况和其他七个部分。各部分收录档案以内容性质相同者集中按时间先后排列，无法界定时间的一般放在同类文件最后，并在标题下标注『时间不详』。七部分之下不再另分小类。全书共九册，除编制总目录外，各册设有分目录，每册页码单独起页。

六、档案时间的选取和标注，以馆藏档案目录时间为主。

七、如果一份档案内出现多个时间（如电报拍发时间、文件收发时间、归档时间），一般以档案形成后最前时间为主。如《重庆电力股份有限公司关于检送调整电价情形与四望栈的来往函》（一九四九年五月七日），该档案应是重庆电力股份有限公司一九四九年五月七日回复五月六日收到的四望栈来函，因此，时间以档案形成时间五月七日标注；又如，《重庆电力股份有限公司一九三三年入职职工》（一九四四年六月九日），原档目录名称是重庆电力股份有限公司职工调查表，原档时间没有具体按年、月、日划分，因此，在编辑时将调查表按入职人员入职年份划分，时间基本上以档案中完整显示具体填表时间（某年某月某日）的最前时间为主。

八、本书在收录职员名册时发现，在同一件档案中，个别档案原件上批注的时间与馆藏档案选取和标注的时间有出入。为保证档案内容完整呈现，编辑时没有另外加以注明。如《重庆电力股份有限公司全体职员一九四五年度考绩清册》（一九四五年），本档案上添有批注，个别批注的时间晚于『一九四五年』。考虑到民国时期公司对员工到职时间的认定可能存在不同的认定要求，因而没有另行说明。

九、为了方便读者更好地阅读档案，编者在选编档案时，除按编选大纲进行选材并尊重原档外，所做的加工工作主要有：①按照档案整理的规范，对每一份档案重新撰写了标题；②对原档中个别内容排放顺序错乱者，按内容的有机联系进行了必要的调整；③原档中部分档案无时间者，根据内容进行了考订补充；④所选的每一份档案，都在最后标明了其所在的全宗号、目录号与卷号，其中，全宗号以4位数字标识，不足者前面加『0』，目录号、卷号以实际数字标识，如『0219-2-191』，即表明此份档案在0219全宗，2目，191卷内；⑤凡是编者认为需向读者说明的问题，均以注释的形式进行说明。

十、原稿中出现的『戡乱』等词彙，是当时特定的历史时期的不当用词。为了保持文献资料原貌，未做改动。

十一、对于个别内容不完整的原档案文献资料，因体量较小，研究价值不大，不予收録。

十二、在规则草案中出现的同一档案号下，标题、内容大致相同的原文献不止一份，体现出同一种规则在不同时间进行讨论修改的情况。为了给读者研究提供参考，编辑时未予删除，一并收录在册。如第1册中的《重庆电力股份有限公司请假规则》与《重庆电力公司职工请假规则》。

十三、对于原文档中缺失的档案资料，在提供档案资料的档案馆内无法查到，也无法通过现有途径补全。因而，这部分缺失的档案资料没有收录到《民国时期重庆电力股份有限公司档案汇编》中。尽管如此，我们仍按照出版册数顺序进行了推敲、整理、统计，形成『《民国时期重庆电力股份有限公司档案汇编》影印缺失统计表』（见附表一），希望为读者研究查照提供线索。

十四、缺失内容统计中，其标题根据前后文内容推断得出，不一定确切，仅供研究者参考。

十五、在同一卷号内的影印件，其内容与其他影印件重复，或与主体内容无关，编辑时予以删除。为方便读者研究查找，编辑时将删除内容的成文时间、标题、所属原档卷宗号以及所在本书的辑次等信息，汇总在『《民国时期重庆电力股份有限公司档案汇编》删略表』中（见附表二）。

十六、本次影印为单色影印，且原件不可避免地有酸蚀残缺，我们在图片处理时保守地进行了修复。部分尺幅较长的档案进行了分段裁切。书中影印件与档案原件大小有出入。

十七、为方便读者了解，编者在本书前言中对该机构的背景、沿革及档案的内容、价值等进行了简单综述，谨供参考。受学识所限，本编收录档案难免有选材不当、拟题错误的，读者应谨慎辨别。

编　者

二〇二二年八月

附表一：《民国时期重庆电力股份有限公司档案汇编》影印缺失统计表

应在辑次	标题	档案号	时间
第2辑	重庆电力股份有限公司董事会第十二次会议纪录	不详	不详
第2辑	重庆电力股份有限公司第三十七次董事会会议纪录	不详	不详
第2辑	重庆电力股份有限公司第三十八次董事会会议纪录	不详	不详
第2辑	重庆电力股份有限公司第三十九次董事会会议纪录	不详	不详
第2辑	重庆电力股份有限公司第四十次董事会会议纪录	不详	不详

应在辑次	标题	档案号	时间
第2辑	重庆电力股份有限公司第四十一次董事会会议纪录	不详	不详
第2辑	重庆电力股份有限公司第四十二次董事会会议纪录	不详	不详
第2辑	重庆电力股份有限公司第四十三次董事会会议纪录	不详	不详
第2辑	重庆电力股份有限公司第四十四次董事会会议纪录	不详	不详
第2辑	重庆电力股份有限公司第四十五次董事会会议纪录	不详	不详
第2辑	重庆电力股份有限公司第四十六次董事会会议纪录	不详	不详

应在辑次	标题	档案号	时间
第3辑	重庆电力股份有限公司第八十八次董事会会议纪录	不详	不详
第3辑	重庆电力股份有限公司第八十九次董事会会议纪录	不详	不详
第3辑	重庆电力股份有限公司第九十次董事会会议纪录	不详	不详
第3辑	重庆电力股份有限公司第九十一次董事会会议纪录	不详	不详
第3辑	重庆电力股份有限公司第九十二次董事会会议纪录	不详	不详
第3辑	重庆电力股份有限公司第九十五次董事会会议纪录	不详	不详
第4辑	重庆电力股份有限公司第一百次董事会会议纪录	不详	不详

应在辑次	标题	档案号	时间
第4辑	重庆电力股份有限公司第一百零一次董事会会议纪录	不详	不详
第4辑	重庆电力股份有限公司第一百零二次董事会会议纪录	不详	不详
第4辑	重庆电力股份有限公司第一百零三次董事会会议纪录	不详	不详
第4辑	重庆电力股份有限公司第一百零五次董事会会议纪录	不详	不详
第4辑	重庆电力股份有限公司第一百零七次董事会会议纪录	不详	不详
第4辑	重庆电力股份有限公司第二十六次业务会报纪录	不详	不详
第4辑	重庆电力股份有限公司第三十五次业务会报纪录	不详	不详

应在辑次	标题	档案号	时间
第4辑	重庆电力股份有限公司第三十六次业务会报纪录	不详	不详
第5辑	重庆电力股份有限公司第五届股东大会会议纪录	不详	不详
第5辑	重庆电力股份有限公司第六届股东大会会议纪录	不详	不详
第5辑	重庆电力股份有限公司第七届股东大会会议纪录	不详	不详
第5辑	重庆电力股份有限公司第八届股东大会会议纪录	不详	不详
第5辑	重庆电力股份有限公司第十届股东大会会议纪录	不详	不详
第6辑	重庆电力股份有限公司一九三七年入职职工	不详	不详

附表二：《民国时期重庆电力股份有限公司档案汇编》删略表

应在辑次	标题	档案号	时间	备注
第1辑	四川水泥公司制造厂工友管理规则	0219–2–46–(37–47)	1942年5月	与0219－2－46『重庆电力股份有限公司各种规则草案』内容无关
第1辑	重庆市审查申请用电标准	0219–2–188–(54)	1944年9月14日	与 0219–2–188中『重庆电力股份有限公司关于抄发用电审查委员会组织规程、用电标准及管理用电办法给各科、处、组等的通知』内容重复

应在辑次	标题	档案号	时间	备注
第1辑	本公司职员出勤津贴暂行规则	0219–2–196–（35–37)	时间不详	与0219–2–196『重庆电力股份有限公司技工、学徒、小工出勤津贴暂行规则』内容无关
第1辑	本公司技工、学徒、小工、信差出勤津贴暂行规则	0219–2–45–(33–36)	时间不详	与0219–2–196『重庆电力股份有限公司技工、学徒、小工出勤津贴暂行规则』内容重复
第2辑	重庆电力股份有限公司各科室、组值日暂行办法	0219–2–312–(11–12)	1944年9月21日	与0219–2–312中『重庆电力股份有限公司各科室、组值日暂行办法』内容重复

应在辑次	标题	档案号	时间	备注
第4辑	战时公营私营企业请求调整价格或政府补贴考核办法	0219–2–324–(27)	1949年9月12日	与0219–2–324中『重庆电力股份有限公司临时维持委员会会议纪录』内容无关
第4辑	重庆电力股份有限公司业务会报纪录	0219–1–13	1944年1月4日	内容不完整
第4辑	不能停电的通知	0219–2–120–(8)(10)	1945年	与0219–2–120中『重庆电力股份有限公司一九四五年度业务会报纪录』内容无关

应在辑次	标题	档案号	时间	备注
第7辑	职员名册	0219–1–33–(117)	1946年	与0219–1–33中『重庆电力股份有限公司全体职员名册』内容无关
第7辑	1942年度考绩	0219–1–35–(43–3)	1942年	与0219–1–35中『重庆电力股份有限公司一九四三年到职职员册考绩后记』内容无关
第7辑	重庆电力公司三十五年度职员考绩清册	0219–1–34–(0001)	1947年	与0219–1–34中『重庆电力股份有限公司一九四七年到职名册』内容无关

应在辑次	标题	档案号	时间	备注
第8辑	民国三十六年十二月十三日《新华时报》第一版、第二版	0219–2–242–(54)	1947年12月12日	与0219–2–242中『重庆电力股份有限公司第一厂和第三厂关于轮流停电办法致重庆电力股份有限公司秘书室的函』内容无关
第8辑	重庆电力股份有限公司联勤总部三十工厂第四粮秣厂供电合约	0219–2–295–(5)	1949年2月7日	与0219–2–295中『渝新纺织股份有限公司关于检送供用电合同正副本致重庆电力股份有限公司的函（附合同）』内容无关

总目录

民国时期重庆电力股份有限公司档案汇编 第1辑

一、组织章程

民国时期重庆电力股份有限公司档案汇编 第2辑

一、组织章程（续）

二、会议纪录

二、会议纪录（续）

民国时期重庆电力股份有限公司档案汇编 第4辑

二、会议纪录（续）

总目录

二、会议纪录（续）

三、职员名册

三、职员名册（续）

四、生产经营

五、计划总结

六、财务状况

总目录

七、其他

革命文献与民国时期文献保护计划成果

民国时期重庆电力股份有限公司档案汇编

第1辑

重庆市档案馆◎编

唐润明◎主编

學苑出版社

目录

一、组织章程

目录

重庆电力股份有限公司各科室、组值日暂行办法（一九四九年九月十二日）……四一一
重庆电力股份有限公司人事规则（一九四九年十一月）……四一三

目录

一、组织章程

关于检送修正重庆电力股份有限公司职工奖惩规则及职工抚恤规则致公司董事会的函（附规则）（一九三五年七月六日）

0219-2-1

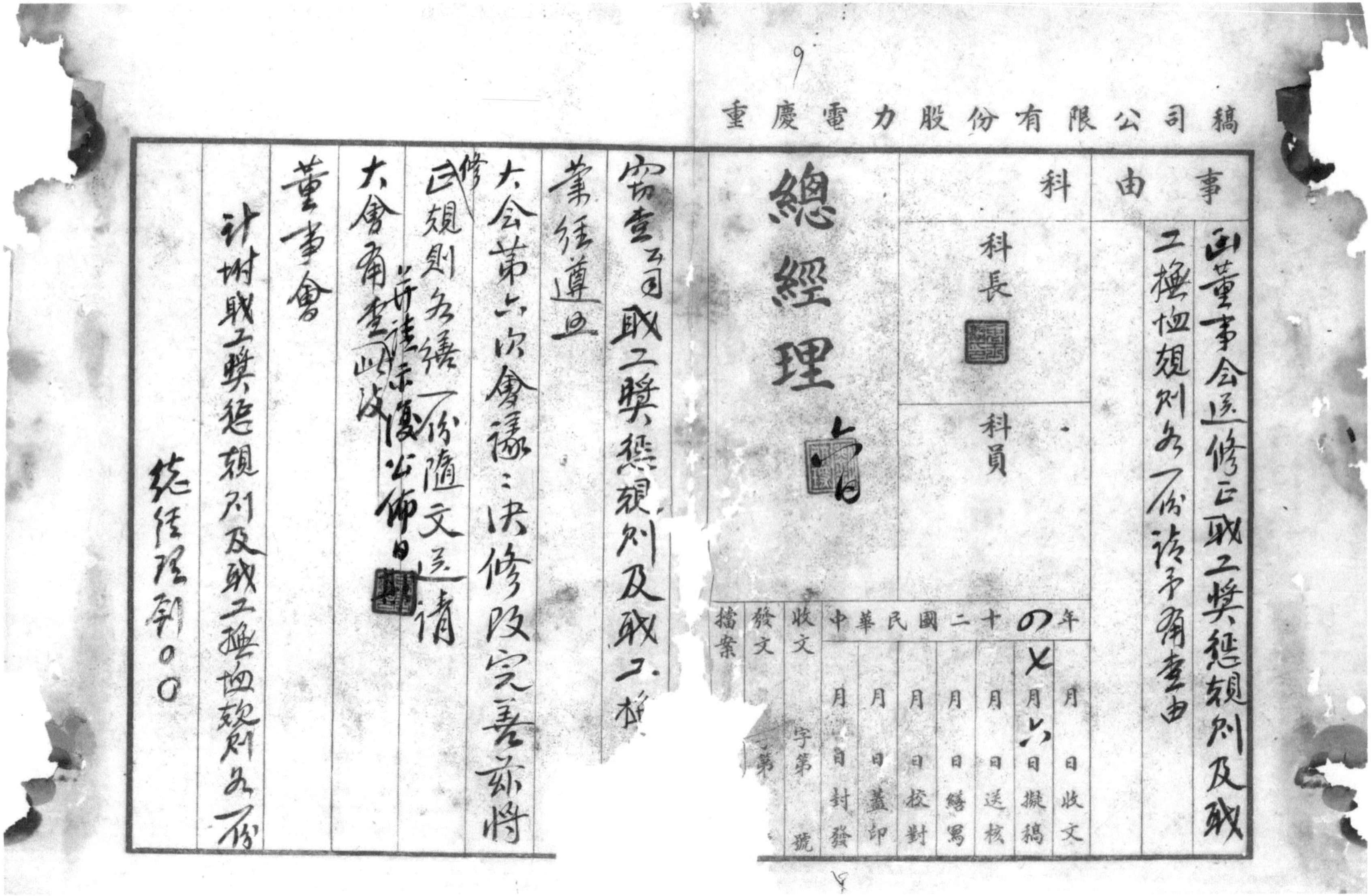

重慶電力股份有限公司稿

事由：函董事会送修正職工奬懲規則及職工撫恤規則各一份請予備查由

科長

科員

總經理

中華民國二十四年七月六日擬稿

竊查公司職工奬懲規則及職工撫恤規則前經遵照大会第六次會議議决修改完善，茲將已修規則各繕一份隨文送請大會備查，並請示復公佈，此致

董事會

計附職工奬懲規則及職工撫恤規則各一份

總經理劉〇〇

12

重慶電力股份有限公司職工奬懲規则

12

12-1

重慶電力股份有限公司職工奬懲規則

第一條　本公司所有職工之功過勤惰依本規則考核奬懲之

第二條　職工工作成績之考核於每年年終舉行但遇有特殊功績或重大過犯者得由總經理隨時奬懲之

第三條　職工之考核奬懲於每年年終由總經理報告於董事會

第四條　職工有左列情形者得予奬勵

1、有特殊成績者

2、有特殊貢獻而經採納者

3、勤能昭著者

4、職工服務滿一年以上不曠職不請假或請事假不及規定日數者

第五條 獎勵方法如左

1、特獎或特别紅酬

2、升用

3、進級

4、記功

5、口頭嘉獎

凡記功弍次者得進一級

第六條 職工有左列情形者應予懲戒

1、舞獎有據者

2、危害公務者

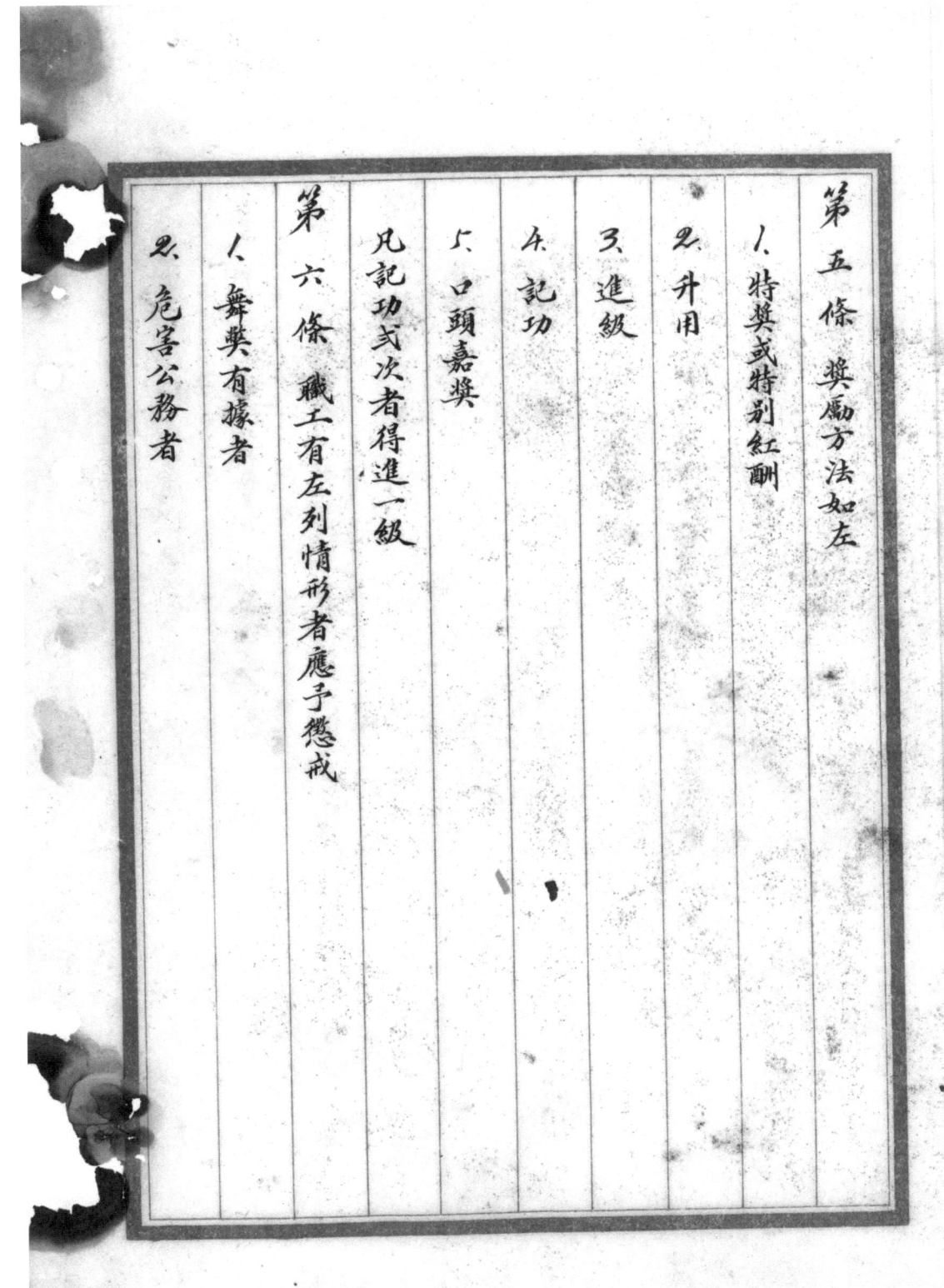

12-2

3、廢弛職務或不稱職守者

4、有不良嗜好經告戒不悛者

5、不守規則者

第七條　懲戒處分如左

1、開除

2、降職或降級

3、記過

4、扣薪

5、申斥

犯第七條第一項者除開除外得酌量情形之輕重依法送請法院懲治或責令

赔偿

第八條　職工功過經總經理之核准得互相抵銷

第九條　職工無故不到職守是謂曠職應按日扣薪曠職逾十日者開除

第十條　在規定辦公時間内職工不得無故離職如因有不得已之事故必須請假時應依照手續填具假單呈經各該科科長核轉總經理批准後方得離職否則以曠職論

但過有特殊情事如發生急病或不可抗力之障礙時得事後補具請假手續但必須有相當証明方得追認

第十一條　職工事假每年合計不得過二十日逾則按日扣薪全年事假至多不得過四十日逾即開除

12-3

第十二條　職工病假在一日以上者須提出醫生証明書否則以事假[illegible]病假以

全年合計逾一百二十日者開除

第十三條　職工請假逾原定期限應即續假其手續與請假同如不續假則所逾假時

期以曠職論

第十四條　職工繼續服務已滿三年勤勞稱職絕少請假者其次年得由公司酌給休息假至

多不得逾二十日繼續服務已滿二年以上者得請給休息假每年最多不過五十日假期內照

常支給薪金

第十五條　職工繼續服務在十年以上除因重大過犯開除者外給予最後所支薪

金一年之特別奬金如以後仍繼續服務每五年給予其最後所支薪金一年之特別

奬金

第十六條　職工服務在二十五年以上自願退職者除照前條給奬外退職後按月給予其最後所支薪金之二分之一養老金其期間以十年為限

第十七條　本規則自董事會通過之日施行

第十八條　本規則有未盡事宜由董事會隨時修改之

第十九條　本規則由本公司呈報主管官廳備案

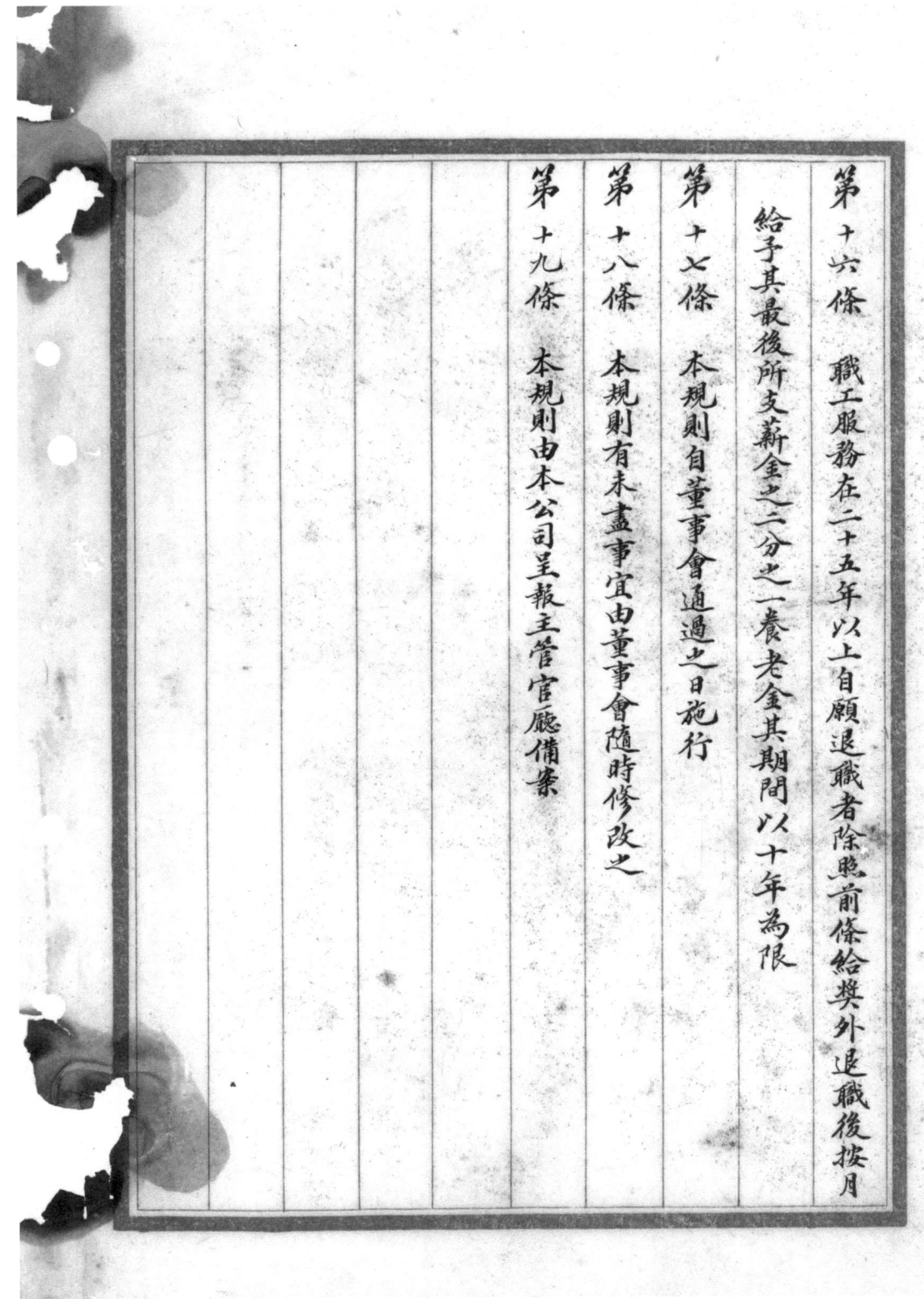

重慶電力股份有限公司職工撫卹規則

重慶電力股份有限公司職工撫卹規則

第一條　本公司之職工因公傷亡依本規則辦理

第二條　本公司之職工因公死亡或因公受傷永久不能工作者經總經理核准得依下列各項之規定給予撫卹

(一)服務不滿一年者照傷亡者最後所支薪工金額給予五個月之一次卹金

(二)繼續服務在一年以上不滿三年者照傷亡者最後所支薪工金額給予八個月之一次卹金

(三)繼續服務在三年以上不滿五年者照傷亡者最後所支薪工金額給予十個月之一次卹金

(四)繼續服務在五年以上者按月給予最後所支薪工金額之四(六)分之一之卹金其期限與

家屬五年止

其所服務之月數但不得過五年

（五）因公受傷而能治愈者在醫治時期醫藥費由公司担任薪工照給

（六）卹金總數不滿弍百元者均給以弍百元

刪（七）除卹金外另給喪葬費八十元

第三條　依前條第四項之規定服務在五年以上之職工死亡後其按月卹金由家屬領取其應領卹之家屬規定次序如左

（一）死亡者之妻　妾不得領卹

（二）死亡者之子或女

已出嫁之女不得領卹其子女不祇一人者以長幼爲次序其子女尚未成年者由其法定監護人代領

（三）死亡者之父母

死亡者如無父母妻子女者以無家屬論依本規則第四條之規定辦理

第四條　服務五年以上之職工死亡而無家屬者照死亡者最後所支薪工金額給

繼續　三

六年未滿兩卹五月　六年上十年下八月　十年上十五年下卹十月　十五年上除給十月卹外另給卹金一年　二十五年上

予十年之一次卹金作喪葬費

第五條　職工繼續服務在十年以上積勞致疾經考查屬實確係永久不能工作者得斟酌情形由董事會核議給卹

第六條　請卹者須填具請卹表由總經理查核其疾病傷亡確因公所致方得照給

第七條　訂有契約之職工給卹與否　理

第八條　撫卹各費均給現金

第九條　本規則由本公司董事會通過之日施行

第十條　本規則有未盡事宜由董事會隨時修改之

第十一條　本規則由本公司呈報主管官廳備案

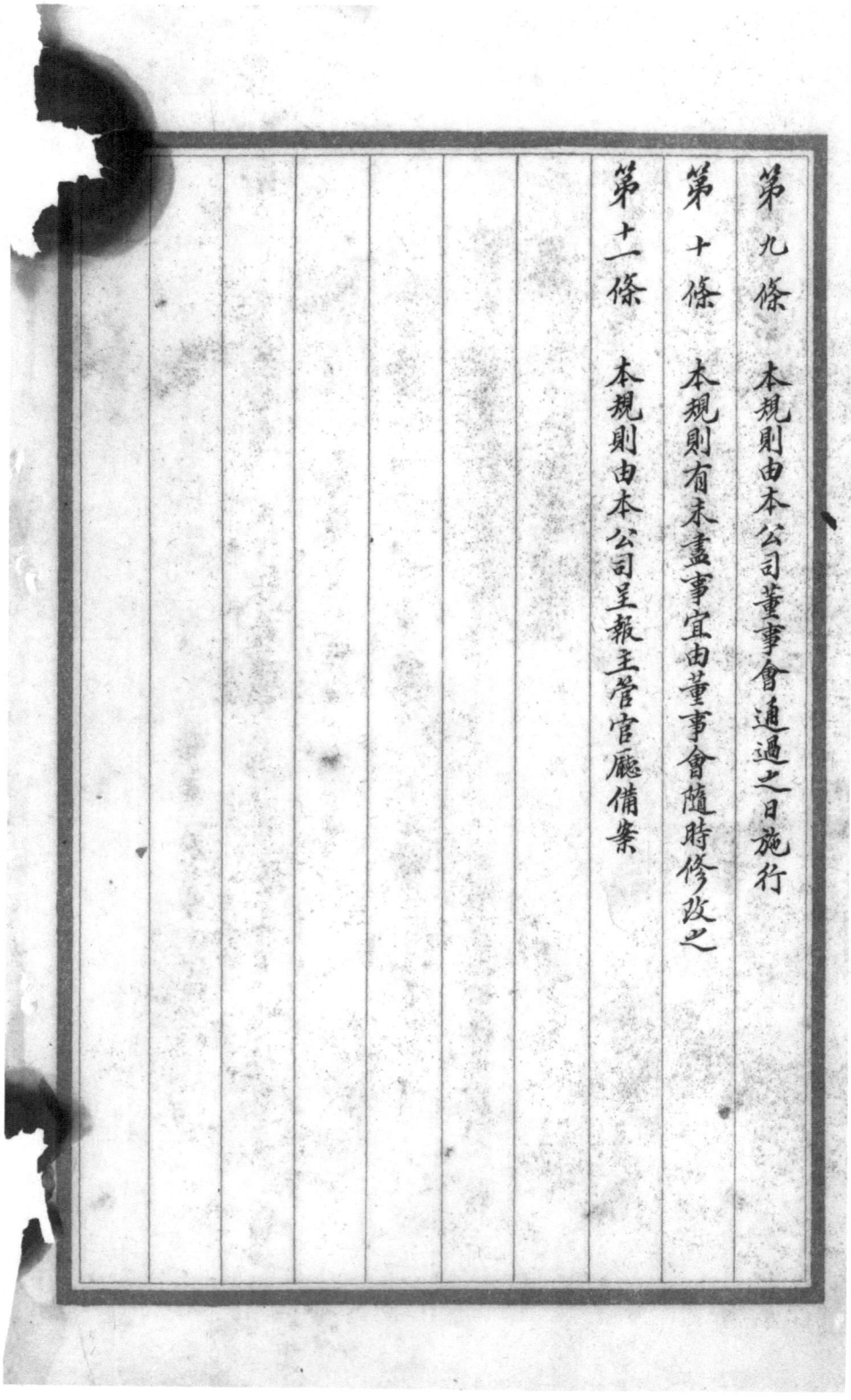

中華民國二十四年

市政府核准

重慶電力股份有限公司營業章程

住址：道門口模範市場第四十二號

電話：

總經理室六五號　材料股七二五號

總務會計科七二七號　總工程師七二四號

業務科七二六號

工務科二三六號　廠房七二三號

營業股四號　江北辦事處二〇號

本章內附有關電[illegible]請注意並請妥為保存
貴用戶欲知用電各項手續即請翻閱此章記

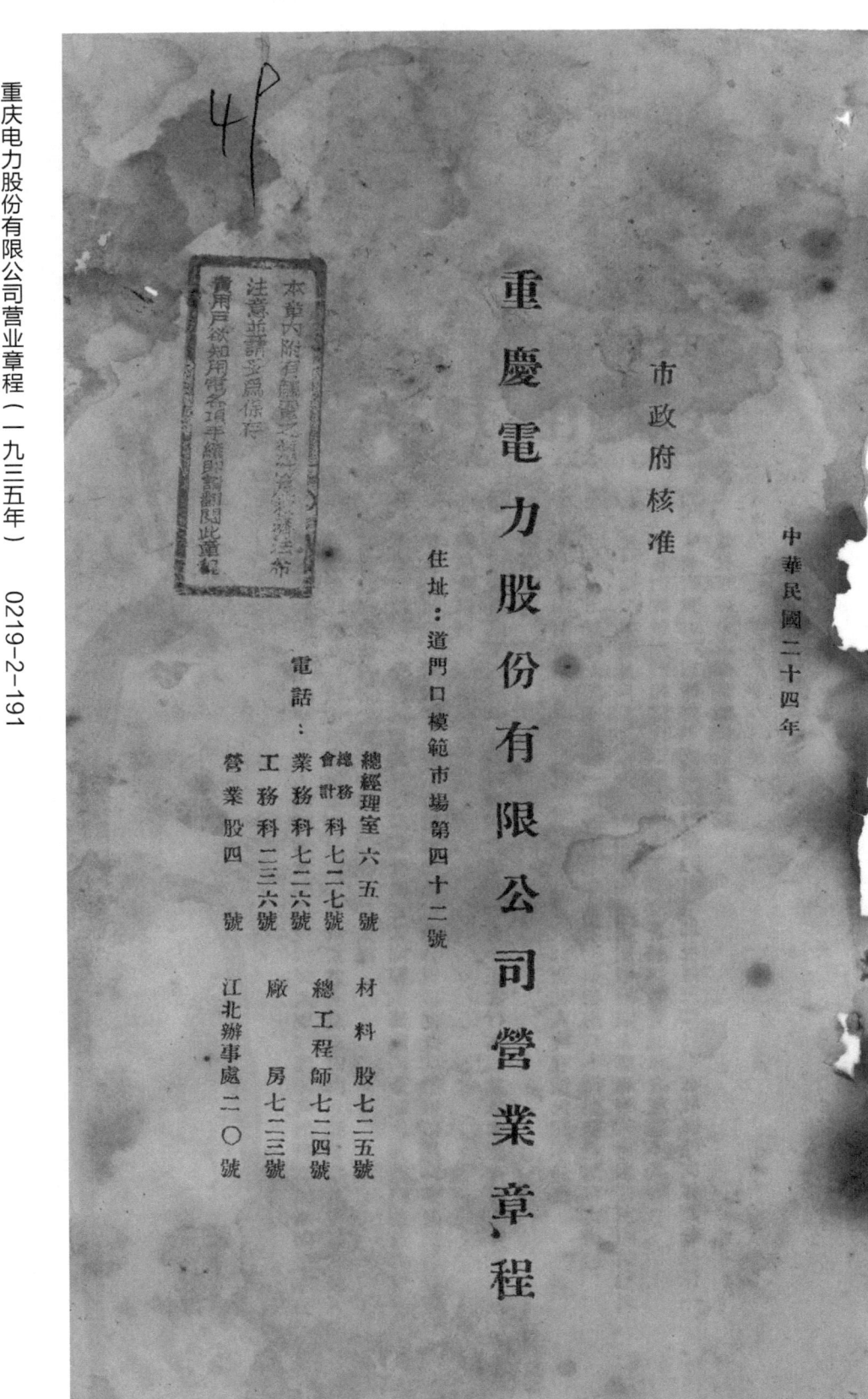

用戶注意

①用電設備裝置工料費用電人如認爲承裝店或承裝人取價過昂可將發貨價單函經本公司照市評價果有抬價居奇情事得呈請　市政府照重慶市電器承裝商店及電器承裝人註册取締章程內第十二條嚴辦或停止其營業權

②本公司收取各費均係遵照營業章程發給正式印製收據註明金額此外並無茶資力資車費如有額外需索訛詐等事　希望函知或密報公司以便查明懲戒望用戶亦勿以小費隨給開此惡例

③公司職員或工匠於執行職務時對於用戶如有不正當行爲或故意爲難亦望函知或密報以憑查究

④用戶通函請書明「重慶電力股份有限公司收」如交私人倘有遺失恕不負責

⑤電度表上封條大印及其他一切封閉電度表之附屬物用戶不得損壞免蹈竊電嫌疑

⑥凡已報裝電燈用戶有向本公司詢問事件及函請校驗電表修理外綫者務請照報裝戶名街巷門牌號數註明信內以便即刻派工辦理否則因考查而致遲誤恕不負咎

⑦月費收據須注意保存下次退保證金時務須將最近三個月電費收據連同保證金收據一並交來以免因查賬而致退費遲延

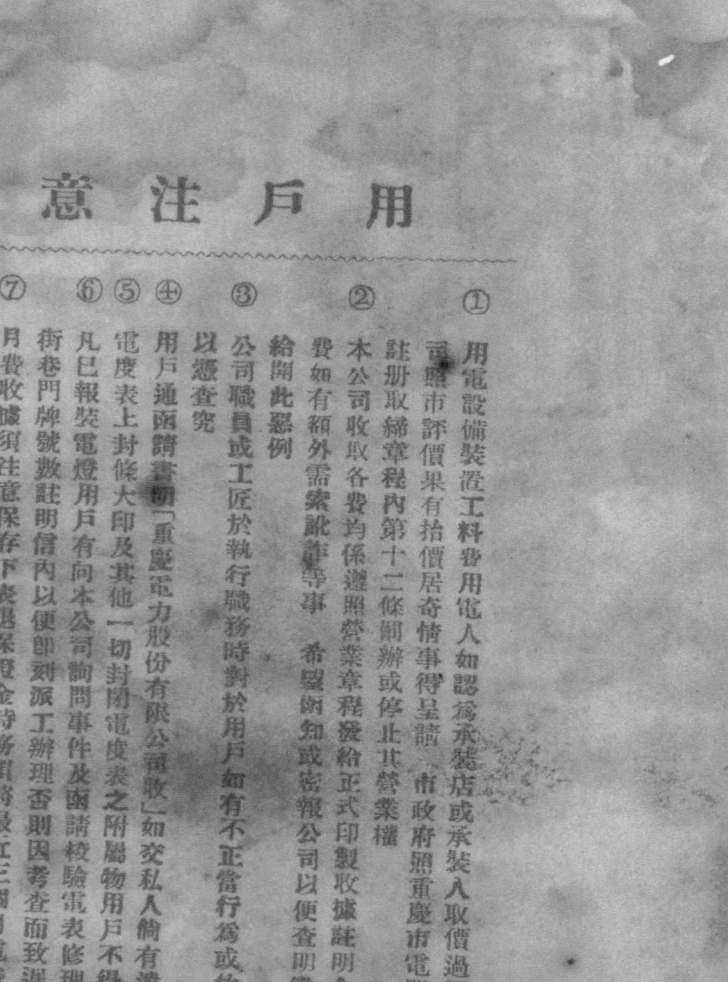

50

重慶電力股份有限公司營業章程

第一章 總則

第一條 本公司一切營業均依本章程辦理之

第二條 本公司營業計分三種如左

甲，電氣之供給

(一)電力 凡以電氣爲原動力之用者均屬之但不能以電動機拖動發電機爲電燈之用

(二)電燈 凡以電氣爲照明之用者均屬之家用電器除另有規定者外均照電燈計費

(三)電熱 凡以電氣爲烹飪取暖及其他發熱之用者均屬之

乙，特種電氣設備之設計及裝置

丙，電器之出租

第三條 本公司日夜供電惟對於左列特殊情形概不負停電之責

甲，因用戶使用不慎致肇災患而致停電者

乙，因意外事故而致停電者

5651

丙，因工作之必要無法避免而致停電者（時間較長者先期登報通告）

第四條 本公司對於用戶用電除另有規定外均以電表抄度計費

第五條 用戶如有特殊用電情形經本公司認可後得另行訂立用電合同

第二章 供電方式

第六條 本公司供電方式爲交流五十週波三相或單相電壓高壓規定爲五二五〇伏低壓規定爲三百八十伏二百二十伏兩種如有特別情形經本公司認可者得用其他電壓

第七條 電力用電不足一馬力者得用單相一馬力以上限用三相

第八條 電動機在十馬力以下者得用松鼠籠式超過十馬力者須用滑圈式如用其他式樣之電動機須得本公司之同意

五馬力以上電動機須裝置適當之起動設備如單捲降壓起動器或Y△開關等須使在定額電壓之起動電流不超過其全負荷電流之二倍半

第三章 立桿放線

第九條 凡居戶聲請供給電氣因距離本公司綫路較遠必須添桿放綫方能接電者最先到本公司登記經本

51

公司派員查看認可繳付本章程第十條所規定添桿費或第十一條所規定之添綫費後方可照接電手續裝表供電

第十條 本公司收取添桿費規定如左

添桿根數	收費
一	免費
二	十四元
三	二十八元
四	四十四元
五	六十二元

以上添桿以低壓線為限包括應掛電線及另件在內如添桿在五根以上或須添放高壓線時須經本公司另行估計後按照所估價值收取半數

第十一條 本公司電桿所到之區尚無適當電綫以供用戶應用者添放電綫在四檔以內免費超出四檔須由本公司另行估計後按照所估價值收取半數

511

第十二條　在添桿地段內如有多數用戶同時繳費報裝接電在五戶以下者其添桿費由用戶均攤六戶以上者本公司得酌量情形免收或減收添桿費

第十三條　本公司如有工程上困難情形得暫時拒絕居戶添放桿綫之要求

第十四條　本公司所添放之桿綫雖經居戶繳付添桿費其所有權均屬於本公司

第四章　內綫裝置

第十五條　用戶之電器內線裝置應由本市市政府註冊之承裝電氣商店辦理其他特別裝置經本公司認可者得由用戶自行辦理或由本公司代辦

第十六條　本公司檢查用戶內綫除遵照中央建設委員會公佈之屋內電燈綫裝置規則辦理外應適用本市市政府頒布之電氣裝置取締規則之規定用戶內綫非按照本章程第十五條之規定裝置本公司不予檢查

第十七條　用戶裝用電表不得將表內電綫轉移毗連之其他房屋或轉售電流與他人否則本公司得停止供電

第十八條　用戶與註冊之承裝商店間如有發生爭執或註冊商店不合規則時均遵本市市政府承裝商店註册及取締章程辦理之

52

第五章　接電手續

第十九條　用戶於內綫裝竣後須由承裝商店塡具報裝請驗單向本公司聲請檢驗經本公司派員檢驗合格用戶須持有本公司檢驗員所給予之合格通知照本章程第二十一條之規定繳納保證金接電費（如有添桿費或添綫費者並須一律繳付）並訂立用電契約即予接電

如經本公司檢驗認爲不合中央建設委員會及本市市政府之屋內綫裝置規則規定者由檢驗員塡給改正通知承裝商店即須照指示之點改正後報請覆驗如覆驗時仍未改正或雖已改正而仍不合格者則承裝商店應再負改正之責並繳納覆驗費五元再向本公司聲請覆驗以經檢驗合格爲止

第二十條　用戶屋內接戶綫（指自電表至本公司所設置街綫之一段所用之鉛皮綫）以二十英尺爲限逾限除照章收取接電費外須另行開價收費

第二十一條　電表由本公司供給其種類及容量由本公司依照裝置電器之種類及容量酌定應用安培數其應收保證金接電費規定如下

電表種類及安培數	電費保證金	接電費
單相一，五安培	十元	二元

521

三安培	十五元	二元
五安培	二十元	二元
十安培	三十元	三元
十五安培	五十元	三元
二十安培	六十元	四元
三十安培	八十元	四元
五十安培	一百元	六元
三相五安培	四十元	六元
十安培	六十元	八元
十五安培	八十元	八元
二十安培	一百元	十元
三十安培	一百八十元	十四元
五十安培	二百八十元	二十元

53

一百安培	五十元	二十八元

超過一百安培者另議

第二十二條　用戶如未裝有電燈者本公司得拒絶單獨供給電熱

第二十三條　用戶臨時用電裝用電表至多以一個月爲限所有保證金及接電費均須照本章程第二十一條之規定加倍繳納

第六章　換表移表驗表及過戶

第二十四條　用戶於裝表用電後如有變更電氣設備應照本章程第四章內綫裝置之規定辦理如須換用較大或較小之電表應由改裝之承裝商店塡具請驗單送本公司經檢驗合格再將保證金收據送交本公司依照本章程第二十一條之規定補繳或退還保證金另換收據換大表者須依照本章程第二十一條另繳接電費換小表者須繳換表費一元

第二十五條　用戶如須將電表自甲地移至乙地須先將新址內綫裝置安竣通知本公司請求移表並將保證金收據帶到本公司註明新址繳付移表費經本公司檢驗合格即予移表移表費與本章程第二十一條所規定之接電費相同

第二十六條　用戶如須於同一屋內將電表自甲處移至乙處須聲明移表理由經本公司認可後即予移表並先繳移表費一元

第二十七條　本公司所裝電表須定期輪流校驗但用戶認為不準確時可隨時繳納驗表費一元報請驗表如校驗結果快慢在百分之二以內即照準確論驗表費不予退還快慢在百分之二以上時即以校驗所得之準確百分比例退還或補收最近一個月至換裝新表之日之電費差額並退還驗表費

第二十八條　用戶如須轉讓所裝電表與他人應用應由承繼之新戶攜帶保證金收據來本公司辦理過戶手續不另取費否則原戶如有欠費概由新戶代償

第七章　電價

第二十九條　本公司收取用戶電費規定價格如左

甲，電力　電力電費規定如左

(一)　裝置十馬力以下之電動機之用戶每月用電度數每度電價分級合併計算如下

每月用電度數	每度電價
一——五〇〇度	一角二分

54

五〇一——一〇〇〇度超出之數	一角
一〇〇一——一五〇〇度超出之數	九分
一五〇一以上超出之數	八分

（二）使用本公司電流變成直流充加蓄電池或發動車輛者電價照一項辦理

（三）裝置十馬力以上之電動機或其他電具之用戶其電價得與本公司面議另以合同定之

（四）用戶如違反本章程第二條甲款第一項之規定以電動機拖動發電機爲電燈或電扇之用者從供電之日起照電燈電價計算電費

乙，電燈　電燈電價每度定價大洋二角八仙臨時用戶每度三角

丙，電熱　按照每月用電多寡分級合計如左

每表每月用電度數	每度電價
一——一〇〇〇	九分
一〇〇一以上超出之數	八分

第三十條　用戶裝用電表不論用電與否每月須照最低底度繳付電費超過底度者照實用度數計費底度規定

如左

甲，電力（在本公司開辦期間爲推行電力起見暫不規定底度）

乙，電燈 照所裝用電表安培數規定每月最低底度如左

電表安培數	每月底度
一，五安培	免
三安培	二度
五安培	四度
十安培	八度
十五安培	十二度
二十安培	十六度
三十安培	二十四度
五十安培	四十度
一百安培	八十度

丙、電熱　以五安培爲最小電表量（本公司開辦期間爲推行電熱起見暫不規定底度）

第三十一條　臨時用戶以三安培爲最小電表量所用電度照第二十九條所規定電價計算其底度照第三十條之規定計算加半

第八章　抄表收費

第三十二條　本公司每月規定日期派員至用戶處抄表一次計算電度并將用戶所用電度塡寫於本公司所發之實用電度證明單以便用戶隨時核算

餐館旅館茶樓戲院及其他公共娛樂場所本公司得每半月抄表收費一次

第三十三條　本公司抄表時如發現停走或有其他損壞情形所用電度無從查考時卽按照用戶最近三個月用電之平均度數計算本月份電費如用戶有特殊情形經證實者不在此例

第三十四條　本公司按照規定抄表日期派員分赴各戶抄表如遇門戶鎖閉無從抄錄時由本公司發函約期抄表如仍無法抄錄約期亦無函復時卽派工剪綫拆表并追收電費

第三十五條　本公司抄表後之第五日起卽派員收取電費如用戶當時未能照付由該收費員給以電費通知單正副二張正張由用戶留下副張由用戶蓋章或簽字帶回以資證明三日後由本公司再派員收取電費

第三十六條　用戶電費須一次付淸並須取得正式電費收據爲憑如未取得正式收據或由收費員給予臨時收據槪作無效

第三十七條　用戶如未能依照電費通知單交付電費時由本公司寄發掛號催費通知單限於寄發之時起（以郵局戳記爲憑）七日內至本公司營業地點繳付電費

第三十八條　用戶如在催費通知單所限七天內仍未繳淸欠費時本公司卽於第八天派工剪綫幷追收欠費

第三十九條　欠費剪綫之用戶欲復電時應於七日內來本公司付淸欠費幷繳復電費方能繼續應用逾期本公司卽派工將電表拆去此後接用槪照新用戶辦理

第九章　剪綫拆表復電

第四十條　用戶如暫時停止用電得塡寫請求剪綫單請求剪線暫不拆表電燈電力用戶以一個月爲限如逾期未經請求復電者以不欲繼續用電論本公司卽派工拆表但電熱用戶剪綫後得延長至八個月後方予拆表

第四十一條　用戶經剪綫後請求復電時須繳復電費方可復電此項復電費爲本章程第二十一條所規定接電費之半數惟電熱因季候關係由用戶自請剪綫在八個月內得請求復電不收復電費

56

第四十二條　用戶請求拆表應塡請求拆表單方可照辦

第十章　補據及追費

第四十三條　用戶如將保證金收據遺失應覔殷實舖保簽具本公司製就之補據保單並須登報聲明經本公司查實後卽補發收據

第四十四條　用戶保證金非經拆表概不退還

第四十五條　用戶停用電流如已將電費付淸並無賠償等情得憑保證金收據於拆表三日後來本公司領回保證金如有欠費或損壞電表須負責賠償者卽以保證金抵償不足時並追收欠費

第四十六條　用戶拆表後如逾六個月尚未據保證金收據來本公司退費時該據卽爲無效

第十一章　附則

第四十七條　本公司裝於用戶屋內之電及綫電表用戶有保護之責如有損壞照價賠償

第四十八條　用戶如增加或改裝電器設備應由承裝商店於辦理完竣後塡添裝或改裝請驗單報請本公司派員查驗如未經報驗而與本公司計算電費價格有關者不論何時添裝或改裝應自查明之日起補算電費一年其裝表不滿一年者以裝表之日起算

第四十九條　本公司員工至用戶處工作或檢查時均佩帶編號證章用戶不得托辭拒絕

第五十條　本公司處理竊電均遵照建設委員會公佈之電氣事業人處理竊電規則及軍政部軍事委員會建設委員會內政部令頒之取締軍政警政機關部隊及所屬人員強用電流規則辦理

第五十一條　本公司出租電器另訂章程辦理之

第五十二條　本章程有未盡事項得隨時修改呈報重慶市市政府備案

第五十三條　本章程自呈報重慶市市政府核准之日發生效力

57

(式一) 報裝電燈請驗單

第　　號

逕啟者茲為　　承辦左列工程已於　　月　　日工竣一切均照建設委員會公佈之屋內電燈綫裝置規則及重慶市電气用戶屋內裝置取締規則辦理請即　派員前往檢驗接電為荷此致

重慶電力股份有限公司　台鑒

用戶

戶名	
代表	
籍貫	
職業	
住址	街　　巷
門牌第	號附　　號
距離最近電桿號數	
備註	

裝置工程

電燈	瓦特	盞
電燈	瓦特	盞
電燈	瓦特	盞
煤精燈	瓦特	盞
插座	瓦特	盞
電扇	瓦特	具
共計 燈數		盞
共計 需電量		瓦特
請裝電度表	隻　每隻給電	瓦特

中華民國　　年　　月　　日　承裝者　　蓋章

(15)

57-1

(式二) 添改裝電燈請驗單　第　　號

逕啟者茲爲　　街　　巷門牌第　　號附　　號前經

貴公司編定　　區　　號用戶　添改裝左列工程已於　　月

日工竣一切均照建設委員會公佈之屋內電燈線裝置規則及重慶市電气用戶屋內裝置取締規則辦理

請即　派員前往檢驗接電爲荷此致

重慶電力股份有限公司　台鑒

原裝工程

電燈	瓦特	盞
	瓦特	盞
	瓦特	盞
煤精燈	瓦特	盞
插座	瓦特	盞
電扇	瓦特	具
共計	燈數一	盞
	需電量一	瓦特
原裝	安培電度表	隻

添改裝工程

電燈	瓦特	盞
	瓦特	盞
	瓦特	盞
煤精燈	瓦特	盞
插座	瓦特	盞
電扇	瓦特	具
共計	燈數	盞
	需電量	瓦特
添改裝	安培電度表	隻

中華民國　　年　　月　　日承裝者　　蓋章

(16)

5-8

（式三）報裝電熱請驗單　第　　號

逕啟者茲爲　　　承辦左列工程已於　　月　　日工竣一切均照建設委員會屋內裝綫規則及重慶市電气用戶屋內電气裝置取締規則辦理請即　派員前往檢驗接電爲荷此致

重慶電力股份有限公司　台鑒

用戶	
戶名	
代表	
籍貫	
職業	
住址	街　　巷
門牌第	號附　　號
即貴電力公司編定	區
第	號電燈用戶

裝置工程	
電爐	具
電爐	具
電熨斗	具
電灶	具
烹煮器	具
插座	隻
共計	瓦特
請裝安培	每隻　　瓦特
電度表	給電

中華民國　　年　　月　　日　承裝者　　　　蓋章

（式四）添改裝電熱請驗單　第　　號

逕啟者茲爲　　街　　巷門牌第　　號附　　號前經
貴公司編定　　區　　號　　用戶　　添改裝左列工程已於　　月
日工竣一切均照建設委員會屋內裝綫規則及重慶市電气用戶屋內電气裝置取締規則辦理請即
派員前往檢驗接電爲荷此致
重慶電力股份有限公司　台照

原裝工程

電爐	瓦特	具
電爐	瓦特	具
電熨斗	瓦特	具
電灶	瓦特	具
烹煮器	瓦特	具
插座		隻
共計		瓦特
原裝	安培電度表	隻

添改裝工程

電爐		具
電爐		具
電熨斗		具
電灶		具
烹煮器		具
插座		隻
共計		瓦特
請添改裝	安培電表度	隻

中華民國　　年　　月　　日　承裝者　　蓋章

59

（式五）報裝電力請驗單

第　　號

逕啟者茲為　　承辦左列工程已於　　月　　日工竣一切均照建設委員會屋內裝線規則及重慶市電气用戶屋內電氣裝置取締規則辦理請即　派員前往檢驗接電為荷此致

重慶電力股份有限公司　台鑒

用戶	
戶名	
代表	
籍貫	
企業	
住址	街　　巷
門牌第	號附　　號
距離最近電桿號數	
備註	

裝置工程		
電動機種類		
電動機電壓		
電動機馬力數		
電動機具數		
製造廠名		
電動機號數		
請裝電度表		隻
每隻給電		安培

中華民國　　年　　月　　日　承裝者　　　蓋章

（19）

5-94

（式六）添改裝電力請驗單

第　　號

逕啓者茲爲　　街　　巷門牌第　　號附　　號前經

貴公司編定　　區　　號　　用戶　　添改裝左列工程已於　　月

日工竣一切均照建設委員會屋內裝綫規則及重慶市電气用戶屋內電氣裝置取締規則辦理請卽

派員前往檢驗接電爲荷此致

重慶電力股份有限公司　台鑒

原裝工程

電動機種類	電動機電壓	電動機馬力數	電動機具數	製造廠名	電動機號數

原裝　安培電度表　　隻

添改裝工程

電動機種類	電動機電壓	電動機馬力數	電動機具數	製造廠名	電動機號數

請添改裝　安培電度表　　隻

中華民國　　年　　月　　日　承裝者　　蓋章

（20）

60

(式七)用戶欠費停電請求復接單　第　號

逕啟者敝處前因欠費停電茲已將欠費如數繳淸特附上復接電費五元又添繳用電保證金

元共　　元即希

查收接電為荷此致

重慶電力股份有限公司台鑒

用戶

代表

地址

用戶號數

中華民國　　年　　月　　日　　蓋章

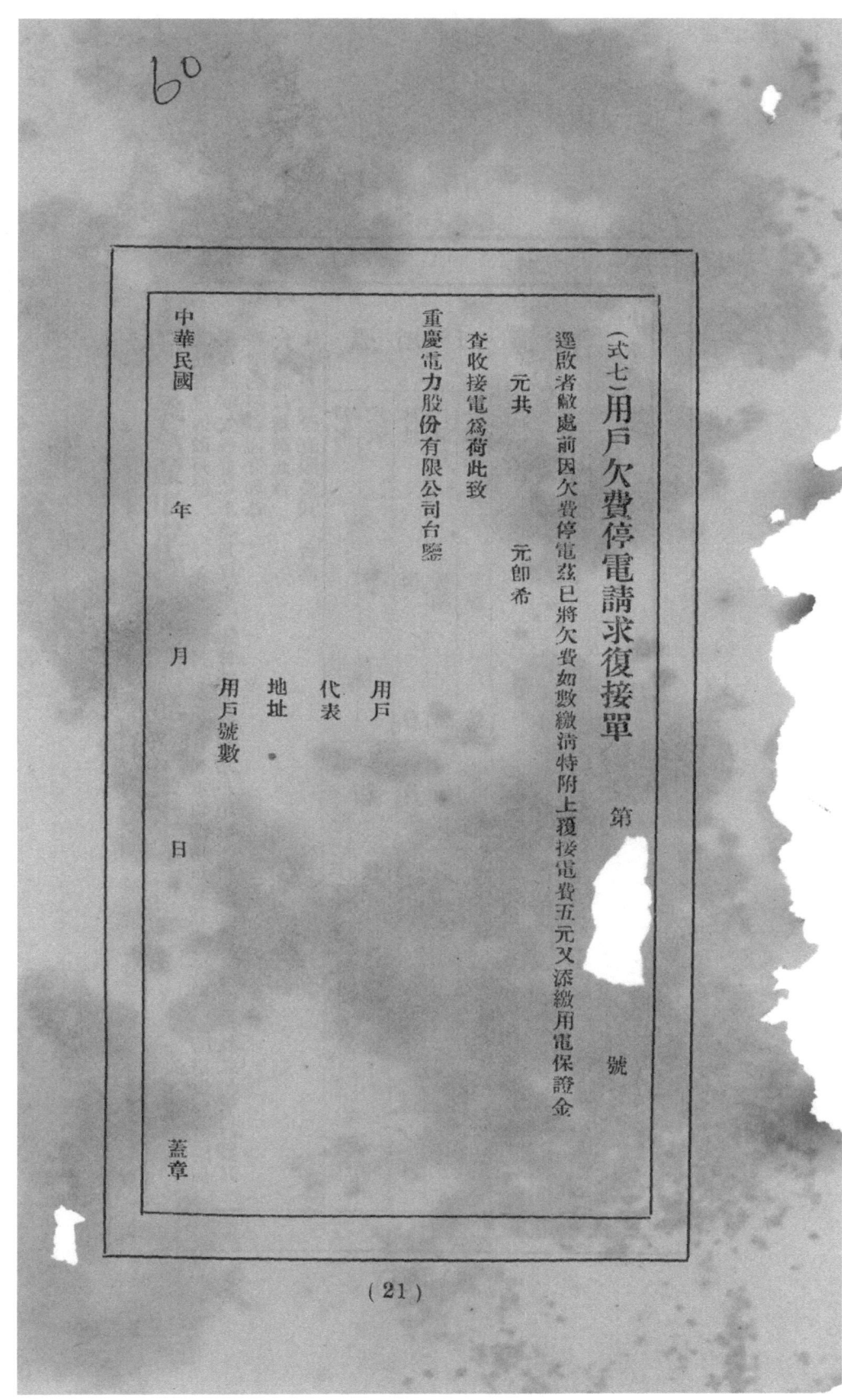

（式八）過戶通知單

第　　號

逕啟者茲因敝戶於　　年　　月　　日起承頂前用戶原裝用電設備繼續用電除會同前用戶將前欠各費結至過戶日止一律付清並將前用戶用電保證金收據送請過戶外茲特另行簽訂新契約以資遵守即希
查照過戶爲荷此致
重慶電力股份有限公司　台鑒

原用戶	
戶名	
代表	
地址	街　　巷
門牌第	號附　　號
公司編定	區　　號

新用戶	
戶名	
代表	
籍貫	
職業	
附記	

原用戶
代　表
新用戶

中華民國　　年　　月

61

(式九)遺失用電保證金收據聲請掛失單　　第　　號

逕啟者前向

貴公司繳納用電保證金計銀　　元領有民國　　年　　月　　日

第　　號用電保證金收據存執爲憑茲因該據業已遺失除登本年　　月　　日本

市　　日報聲明遺失無論何人拾得概爲無效外希即

查照准予掛失附上保單一紙並連同登報聲明遺失之報紙一份送請

察閱懇予補給用電保證金收據爲荷此致

重慶電力股份有限公司　台鑒　附上登錄報聲明一紙

用戶

代表

地址　　街　　巷門牌第　　號

用戶號數

中華民國　　年　　月　　日

（式十）保請另補給用電保證金收據保單

第　　號

立保單人　　號主　　今保到居住　　街　　巷門牌

第　　號附　　號用戶　　遺失

貴公司所給第　　號用電保證金收據一紙計銀　　元正業將此項收據遺失無從尋覓除由本人另具聲請掛失單並登報聲明外保人特再繕具此單保證上述之人確為執有該收據之原主如以後該收據發現當然不能發生任何效力設或因此而生糾葛保人願負全責此致

重慶電力股份有限公司　台鑒

立保單人

保人住址

保人營業

調查員姓名

中華民國　　年　　月　　日

62

用電種類　電燈　第　電區用戶編號 No.

(式十二) 重慶電力股份有限公司用電契約

第　　號

立契約用戶　　　今裝置下列電具與
重慶電力股份有限公司訂立用電契約請予接電當照公司所定價目按期繳費決不拖欠對於電力公司現訂供電各項章程辦法均已盡悉將來如有修改增訂亦願完全依照辦理特立此契約存照

立契約用戶　　　簽字蓋章
代表人　　　簽字蓋章
職業
籍貫
用電地址　　街　　巷門牌第　　號附　　號
承裝者　　　加蓋圖章

中華民國　　年　　月　　日

(注意)凡用戶如係公司社團工廠或店鋪須將公司社團工廠店鋪等名稱及其代表人或店主姓名分別填明並各簽字蓋章以資查考

現裝電具列左

電燈	瓦特	盞
	瓦特	盞
	瓦特	盞
煤精燈	瓦特	盞
插座	瓦特	盞
	瓦特	盞
風扇	瓦特	盞
共計	瓦特	
請裝　安培	相電度表	隻
請裝　安培	相電度表	隻

624

用電種類	電熱	第　　電區用戶編號 No.

(式十三)重慶電力股份有限公司用電約契

第　　號

立契約用戶　　　　今裝置下列電具與重慶電力股份有限公司訂立用電契約請予接電嘗照公司所定價目按期繳費决不拖欠對於公司現訂供電各項章程辦法均已盡悉將來如有修改增訂亦願完全依照辦理特立此契約存照

立契約用戶　　　　簽字蓋章

代表人　　　　簽字蓋章

職業

籍貫

用電地址　　街　　巷門牌第　　號附　　號

承裝者　　　　加蓋圖章

中華民國　　年　　月　　日

(注意)凡用戶如係公司社團工廠或店舖須將公司社團工廠店舖等名稱及其代表人或店主姓名分別塡明並各簽字蓋章以資查考

現裝電具列左

電爐　　具

電爐　　具

電熨斗　　具

電灶　　具

烹煮器　　具

插座　　隻

共計　　瓦特

請裝　　安培　　相電度表　　隻

請裝　　安培　　相電度表　　隻

用電種類	電力	第	電區用戶編號 No.

(式十三)重慶電力股份有限公司用電契約

第　　號

立契約用戶　　　今裝置下列電具與重慶電力股份有限公司訂立用電契約請予接電當照公司所定價目按期繳費決不拖欠對於公司現訂供電各項章程辦法均已盡悉將來如有修改增訂亦願完全依照辦理特立此契約存照

立契約用戶　　　簽字蓋章

代表人　　　簽字蓋章

職業

籍貫

用電地址　　街　　巷門牌第　　號附　　號

承裝者　　　加蓋圖章

中華民國　　年　　月　　日

(注意)凡用戶如係公司社團工廠或店舖須將公司社團工廠店舖等名稱及其代表人或店主姓名分別塡明並各簽字蓋章以資查考

現裝電具列左

電動機種類

電動機電壓

電動機馬力數

電動機具數

製造廠名

電動機號數

請裝電度表　　隻

每隻給電　　安培

637

觸電之禦防及救濟

甲 觸電之禦防

一，無論屋內電綫或其他電氣設備發生危險時須火速將其附近之控制開關或電表板上之總開關壓斷以免危險滋大

二，修理屋內電線保險絲或其他電氣設備最好找電氣承裝商店辦理否則須先將開關壓斷使修理部份無電流經過並對於電氣有相當把握方可進行工作

三，不用電時務須將開關壓斷

四，屋外保險絲燒斷須立即函知電力公司派工修理切不可濫使無職工匠加換銅絲及鋼絲使該項保險設備失其效用以致發生燒壞電表或焚燒房屋之虞屋內保險絲亦不可用粗大者或以銅絲或鋼絲代替

五，保險盒蓋子須隨時蓋好以免萬一保險絲溶斷時火花並裂致肇火災

六，凡易燒燃之物如汽油等切勿置於保險絲側

七，站近窗戶或立於屋內切不可以手觸及電綫試探電之有無

八，晒衣裳之竹桿萬不可置於電綫或撑持電線之角鐵上以致引電及身遭受不測

64

九，過街涼篷等所用鐵絲切勿接電綫

十，街上行走時不可高舉鐵管等物致與空中電綫接觸

十一，立於潮濕地面或手濕時切勿以手觸及電綫或電具之有電部份

十二，用電具時務須手執其木柄或其他絕緣部份

十三，各項電具忌受潮濕用後當擱置高燥處

十四，不可於以手接近有電之電綫或器具時而身靠近水管或其他易傳電之物雷雨時尤宜避之

十五，電綫不可繞於銅鐵器具上或掛在鐵釘上木槽板及皮綫上不可用釘以免損傷導綫

乙 觸電之救濟

人體觸電，因受劇烈刺激，致使呼吸驟停，實非眞死，若依下法施救，可以起死回生

一，速使觸電者之身體與電源脫離

利用開關將電源截斷，當然是最捷便之方法，如不可能，可用乾燥之衣服，繩子或木棒等，設法將電綫拉去，或將觸電者之身體拖開，在觸電者未與電源脫離時，切不可與其肌膚相觸，致蹈危險。

二，施行人工呼吸法

(甲)觸電者之身體與電源脫離後，如其呼吸停止，速用手探入其口中，如有煙頭假牙或其他雜物，隨即除去。(倘其口閉頗緊不可強爲可俟行人工呼吸數次後，口閉稍鬆，然後除去口含雜物)，一面速將其衣服解鬆，然後使其俯臥，一臂上伸，一臂向上彎曲，而將其頭部側枕於小臂上。(如第一圖)

(乙)救濟者面向觸電者之背跪跨於其大腿之兩側兩掌並按於觸電者之肋部手指向下小指適與其最下之肋骨相觸。(如第一圖)

(丙)施救者兩臂伸直，將身體慢慢前傾，使上體重量，壓於觸電者之肋部，肺中空氣，被壓而逐出，(如第二圖)此動作以慢爲貴，約需二三秒鐘，不可急促，致傷觸電者之內體。

(丁)救治者前壓後，速向後退，使所壓重量，立即完全除去，(如第三圖)利用人體彈性，可將空氣吸入肺中。

(戊)退後約二秒鐘，施救者再向前傾按，如此前進後退，繼續進行，每次約需四五秒鐘，如無鐘表計時，施救者可自行深呼吸，每呼吸一次，施行手術一次。

(己)施行以上之人工呼吸法，有時需二三小時，或至四小時之久，方能奏效，中間不可間斷，且須

65

設法用熱水袋或衣服等物，保持觸電者之體溫。

（庚）施行人工呼吸，空氣務求新鮮，故窗戶宜開通，而閉雜觀衆尤須避免。

（辛）在觸電者呼吸未復常態以前，切勿強飲湯水。

三，延醫調治

醫生對於人體生理，較常人諗熟，施行救治，自必妥善，惟醫生非即時可到，而施行人工呼吸，稍遲一秒，即奏效爲難，故救治觸電者，以施行人工呼吸爲先，一面可另遣人延醫協助，不可祇顧延醫，而坐失良機。

觸電急救人工呼吸法，已如前述，然其實施，必須敏捷鎮靜持久，不可驚惶失措，既不可認觸電即死而失救治，尤不可因施工過久而遂中輟，鎮靜，敏捷，快慢得宜，依法施行，當能使觸電而死者重慶更生也。

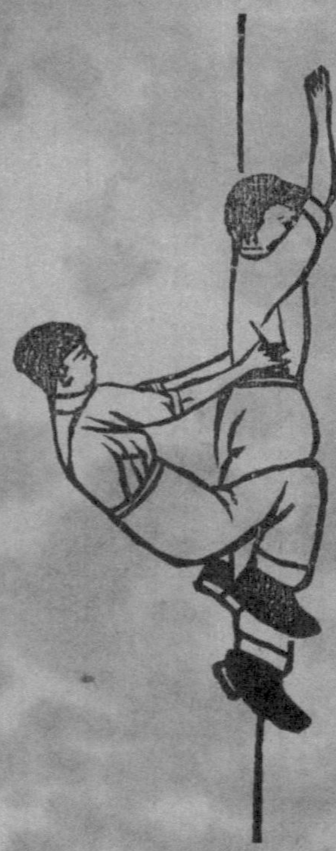

第一圖

66

圖二號

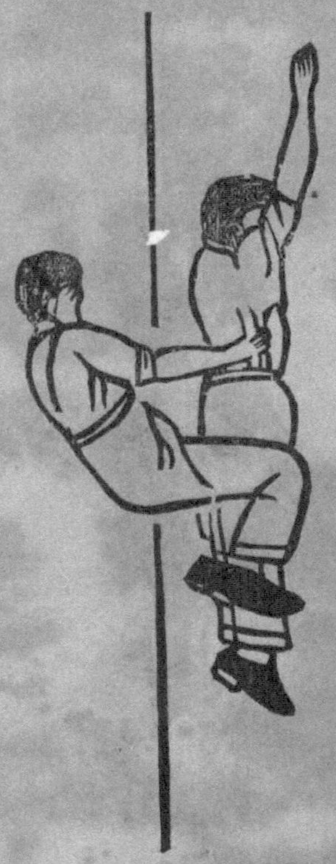

66-1

第三圖

关于检呈重庆电力股份有限公司设立登记文稿上四川省建设厅的呈（附公司章程、股东名簿、营业概算书等）

（一九三七年二月十八日） 0219-2-193

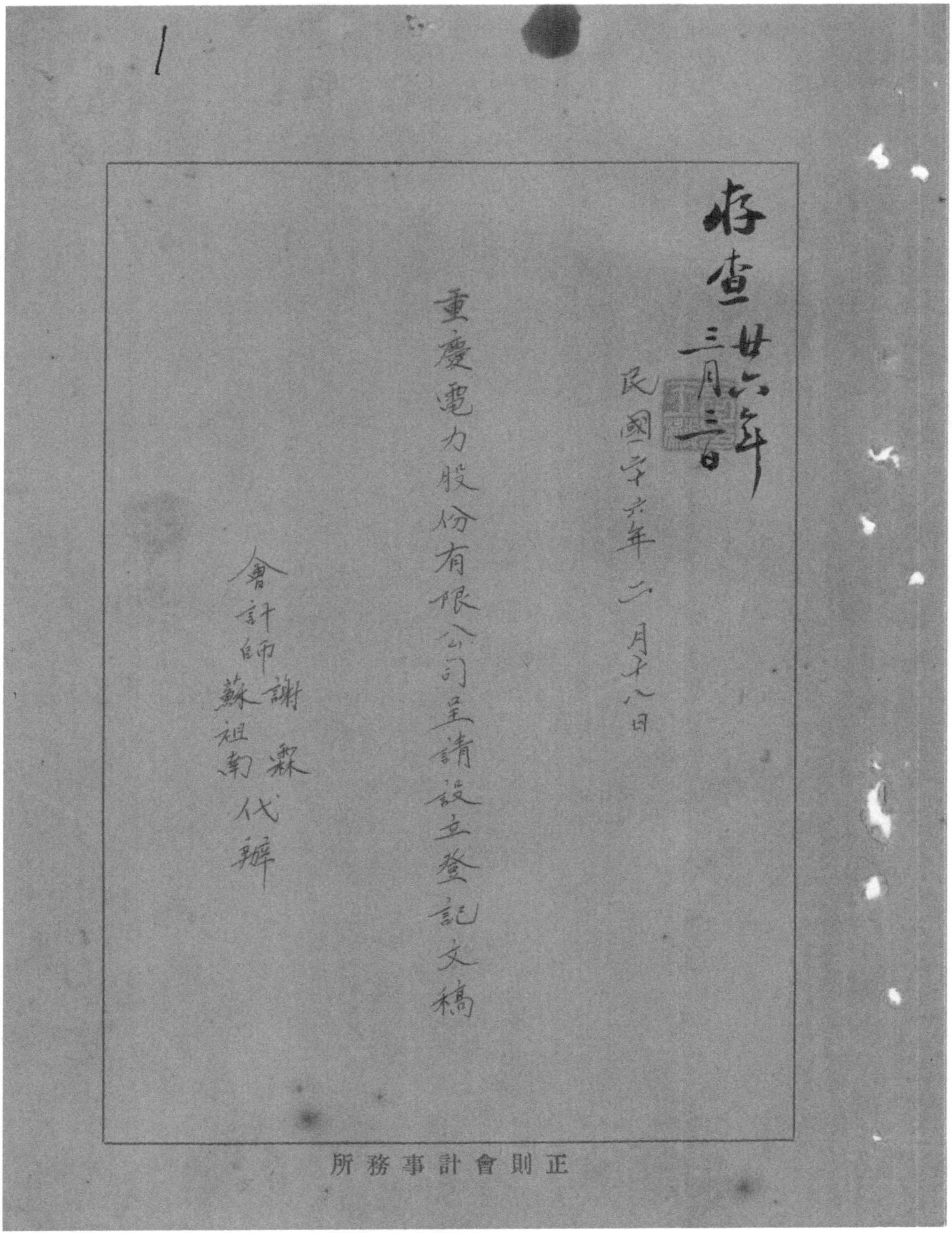

1

存查
廿六年三月三日

民國廿六年二月十八日

重慶電力股份有限公司呈請設立登記文稿

會計師 謝霖 蘇祖南 代辦

正則會計事務所

2

呈四川省建設廳文稿

（為呈請轉呈設立登記發給執照由）

謹查商等在四川省重慶地方集資設立重慶電力股份有限公司資本總額定為國幣二百萬圓分為二萬股每股一百圓一次收足曾經先後呈奉

鈞廳批准備案并派員蒞創立會監督各在案經先行遵照電氣事業註冊規則各規定呈奉

重慶市政府咨請

建設委員會核准註冊發給電氣事業執照收執在案茲遵照公司法暨公司登記規則之規定備具文件暨建設委員會所須電氣事業執照攝影連同登記費等一併呈請

鈞廳察核轉呈

（第一種用紙）

第　一　頁

…會計事務所

實業部核准登記發給公司登記執照再原選監察人之張必果業已去世故以次多數監察人胡晋航遞補合併聲明

謹呈

四川省建設廳

附呈

公司章程二份

股東名簿二份

創立會決議錄二份

董事監察人調查報告書二份

營業概算書二份

呈請設立登記事項單二份

董事監察人名單二份

3

建設委員會電氣事業執照攝影二張
執照費國幣六百圓
印花稅費國幣一圓
代理人委託書二份
具呈人 重慶電力股份有限公司
董事 潘仲三
石體元
胡仲實
周見三
周季悔
康心如
劉航琛

(第一種用紙)

正則會計事務所

第二頁

正則會計事務所

陳懷先

盧作孚

監察人 郭文欽

甘典夔

胡汝航

傅友周

吴晋航

右代理人

會計師謝霖

會計師蘇祖南

重慶狀元橋街太華樓巷

正則會計事務所

4

中華民國二十六年二月十八日

（第一種用紙）

王則會計事務所

第三頁

5

(第一種用紙)

重慶電力股份有限公司章程 民國二十五年一月二十五日創立會議決

第一章 總則

第一條 本公司遵照電氣事業條例，及公司法股份有限公司之規定組織之，定名曰：重慶電力股份有限公司。

第二條 本公司設發電所於四川省重慶城外大溪溝，並設事務所於重慶第一模範市場。

第三條 本公司專以供給全市電光、電力及電熱為營業。

第四條 本公司營業章程另訂之。

第五條 本公司營業年限，自呈准登記之日起，以三十年為期。期滿經股東會決議，呈請主管官署核准

正則會計事務所 第一頁

延長之。

第六條　本公司公告方法，登載於重慶市之新聞紙。

第二章　股份

第七條　本公司資本總額定為國幣二百萬圓，分為二萬股，每股國幣一百圓，一次收足。

第八條　本公司股東，以有中華民國國籍者為限。

第九條　本公司股票分一百股，五十股，十股，五股，一股五種，由董事五人以上署名蓋章，編號填發。

第十條　本公司股票為記名式，股東中有用堂名記號者得從其便，但須將真實姓名或代表人姓名，住址，報明本公司，記入股東名簿

第十一條　股份如係數人共有時，其共有者，應推定一

6

人行使股東權利。

第十二條　股東應將印鑑或簽字式樣，填具印鑑，交本公司收存備查，如有變更時亦同。

第十三條　股東向本公司領取股息紅利時以股票為憑。轉讓股份，或對本公司行使一切股東權利時，以本公司收存之印鑑或簽字式樣為憑。

第十四條　股東送交本公司收存之印鑑圖章，如有遺失時，應即邀同相當保人，填具保單，向本公司聲敘遺失緣由，經本公司審核無訛，方准改換新印鑑。

第十五條　股東因買賣、贈與、繼承或其他關係移轉本公司股份所有權時：

（第一種用紙）

正則會計事務所

第二頁

正則會計事務所

甲 如係請求過戶者，須由原股東及受股人在股票背面欄內雙方署名蓋章（其原股東印鑑，必須與留存者相符）交由本公司審核無訛，方准批註過戶。每張取手續費國幣五角，及應貼之印花稅費。

乙 如係請求掉換戶名，及新股票者，須由原股東及新股東雙方填具掉換股票聲請書，署名蓋章，連同原股票交由本公司審核無訛，方准過戶。換給新股票，每張取手續費國幣一圓，及應貼之印花稅費。

第十六條 股票有因遺失請求補給時，須由原股東將遺失情形，詳細登載總公司所在地之著

7

（第一種用紙）

名報紙二種以上，公告三日。自公告最終之日起，經過六十日後，並無第三者主張異議時，再邀同相當保人，填具遺失證書，署名蓋章，連同所登報紙交由本公司審核無訛，方准補給新股票。

第十七條 每屆股東常會前一個月，停止股票過戶。

第三章 股東會

第十八條 本公司股東會分常會、臨時兩種：

甲 股東常會，於每年結帳後二個月內，由董事會於一個月前通告召集之。

乙 股東臨時會，經董事會決議，或監察人認為必要時，或有股份總數二十分之一以上之股東請求時，由董事會於十五日前通告召集之。

王則會計事務所 第三頁

第十九條　本公司股東之表決權，每股一權，但一股東而有十一股以上者，自十一股起，每二股作一權，不滿二股者不計

第二十條　股東常會之召集，應將日期、地點、召集之宗旨及所議決之事項，登報公告，並發函通知各股東。

第二十一條　各股東如有提議事項，須在開會前預將議案提交董事會審查後，編列議事日程。

第二十二條　股東會開會時，以董事長為主席，董事長有事缺席時，由常務董事互推一人任之。董事長及常務董事均缺席時，由其他董事中公推一人任之。

8

（第一種用紙）

第二十三條　股東會開會時，股東因事不能出席，得具委託書，委託其他股東為代表。

第二十四條　股東會所議事項，涉及股東個人者，該股東無表決權，並不得為他人代理。

第二十五條　股東會須有本公司股份總數二分之一以上之股東到會，始得開議；出席股權過半數之同意，始得決議。可否同數時，取決於主席。

第二十六條　左列事項之決議，應依照公司法第一百八十六條第二項之規定辦理。

一、變更章程

二、增減股份

三、解散或合併

正則會計事務所

第　四　頁

第二十七條　股東會應置決議錄，列記會議時日，主席姓名，出席股東人數，股份總數及所議事項，由主席簽名蓋章，連同簽到簿，代表出席委託書，一併保存備查。

第四章　董事監察人

第二十八條　本公司設董事九人，監察人五人。董事由股東會於滿四十股之股東中選任之。監察人由股東會於滿十股之股東中選任之。

第二十九條　董事任期二年，監察人任期一年，連選均得連任。

第三十條　董事會互選董事長一人，常務董事二人。董事當選後，應將章程所定被選合格

（第一種用紙）

之股票，彙交監察人，公同簽封，保存本公司。

第三十一條　董事長常務董事有缺額時，由董事中另行互選之。董事缺額至三分之一時，應即召集臨時股東會補選，未補選前，認為必要時，得以原選次多數人代行職務。

第三十二條　董事會以董事長為主席，董事長缺席時，由常務董事互推一人任之。

第三十三條　董事會議，每月舉行一次，由董事長召集。其規則另訂之。

監察人得列席會議，但無表決權。

第三十四條　董事會須有董事過半數到會，方得開議，到會董事過半數之同意，方得決議。可

第　五　頁

王利會計事務所

正則會計事務所

否同數時，取決於主席。

第三十五條　董事會議決事項，應記入決議錄，由主席簽字蓋章，保存本公司。

第三十六條　董事得兼任本公司職員，監察人不得兼任本公司職員。

第三十七條　監察人應查核董事會造送股東會之各種帳冊表單，並報告其意見於股東會。

第三十八條　監察人不論何時，得請求董事會報告本公司業務狀況，並檢查本公司財產簿冊及信件。

第三十九條　董事監察人之報酬，由股東會議決之。

第五章　職員

10

（第一種用紙）

第四十條　本公司職員除經、副經理由董事會就董事中選任外，其他職員，由經、副理酌量任用，但須取具殷實鋪保。

第四十一條　經理執行董事會議決事件，辦理決算督率職工處理公司一切業務。經理有事故時，由副經理代理之。

經理執行董事會議決事件，發生困難時，得提請復議。

經理、副經理辭職時，經董事會議決後，得仍為董事。所遺經理、副經理職務，由董事會另選之。

經理、副經理須常駐公司執行職務，如有營私

正則會計事務所

第 六 頁

舞弊情事，經董事會查有確據，得以董事三分之二議決另選，並不得再回任董事。

第四十二條　本公司組織系統及辦事細則另定之。

第六章　會計

第四十三條　本公司帳目，每月結算一次，每年度總結一次，由董事會造具左列各項表冊，送交監察人查核，提出股東常會，請求承認。

一　營業報告書

二　資產負債表

三　財產目錄

四　損益計算書

五　公積金及股息紅利分派之議案

(第一種用紙)

11

第四十四條　本公司每年總結算時，於除去開支及折舊外，遇有盈餘時，先提十分之一為法定公積金，次付股息常年八整厘，其餘作為一百分，分配如左：

一、股東紅利　百分之六十五

二、董事監察人酬金　百分之五

三、發起人特別利益　百分之五

由發起人潘仲三、劉航琛、石體元、康心如、傅友周、陳懷先、胡仲實等七人平均分配

四、特別公積金　百分之五

五、職工酬金　百分之二十

第七頁

正則會計事務所

第七章 附則

第四十五條 本章程自呈准主管官署之日實行，修改時亦同。

第四十六條 本章程未盡事宜，悉遵照電氣事業條例、公司法及關係各法令辦理。

發起人

潘仲三 住重慶曾家岩

劉航琛 住重慶白象街

石體元 住重慶曾家岩

康心如 住重慶柴家巷

傅友周 住重慶小較場

陳懷先 住重慶曾家岩

胡仲實 住重慶蹇家橋

12

戶名	姓名或代表名	住址	股數	股銀	已繳股銀	責任	股分以外出資之種類及其以財產為出資之價格	繳銀期 年	月	日	備註
澄記	劉甫澄	重慶李子垻	一千五百股	拾伍萬元	拾伍萬元	有限	無	廿四	十二	廿九	
珩記	劉航琛	重慶白象街	一千五百股	拾伍萬元	拾伍萬元	有限	無	廿四	十二	廿九	當選董事
武記	郭文欽	重慶白菓巷	一千五百股	拾伍萬元	拾伍萬元	有限	無	廿四	十二	廿九	當選監察人
樞記	周季悔	重慶大溪溝	一千股	拾萬元	拾萬元	有限	無	廿四	十二	廿九	當選董事
信記	盧作孚	重慶民生公司	一千股	拾萬元	拾萬元	有限	無	廿四	十二	廿九	當選董事
阮記	何北衡	重慶曾家岩	一千股	拾萬元	拾萬元	有限	無	廿四	十二	廿九	
爵記	吳晉航	重慶曾家岩	一千股	拾萬元	拾萬元	有限	無	廿四	十二	廿九	補額監察人
華記	胡仲實	重慶[illegible]家橋	二百股	式萬元	式萬元	有限	無	廿四	十二	廿九	當選董事

第一頁

戶名	姓名或代表名	住址	股數	股銀	已繳股銀	責任	股分以外出資之種類及其以財産爲出資之價格	繳銀期 年	月	日	備註
胡叔潛	胡叔潛	重慶華西公司	二百股	弍萬元	弍萬元	有限	無	卌	十二	廿九	
甯芷邨	甯芷邨	重慶砲台街	一百股	壹萬元	壹萬元	有限	無	卌	十二	廿九	
邱丙乙	邱丙乙	重慶華西公司	一百股	壹萬元	壹萬元	有限	無	卌	十二	廿九	
甘典夔	甘典夔	重慶[illegible]路	二百股	弍萬元	弍萬元	有限	無	卌	十二	廿九	當選監察人
傅真吾	傅真吾	重慶華西公司	一百股	壹萬元	壹萬元	有限	無	卌	十二	廿九	
張必果	張必果	重慶黃家埡口	一百股	壹萬元	壹萬元	有限	無	卌	十二	廿九	當選監察人 現已病故
劉航琛	劉航琛	重慶白象街	一千股	拾萬元	拾萬元	有限	無	卌	十二	廿九	
潘昌猷	潘昌猷	重慶曾家岩	一百股	壹萬元	壹萬元	有限	無	卌	十二	廿九	

13

戶名	姓名或代表名	住址	股數	股銀	已繳股銀	責任	股分以外出資之種類及其以財產爲出資之價格	繳銀期 年	月	日	備註
美記	胡汝航	重慶五福宮	一千股	拾萬元	拾萬元	有限	無	卅	十二	廿九	當選監察人
美記	周見三	重慶馬蹄街	一千股	拾萬元	拾萬元	有限	無	卅	十二	廿九	當選董事
美記	曾禹欽	重慶小樑子	一千股	拾萬元	拾萬元	有限	無	卅	十二	廿九	
石體元	石體元	重慶曾家岩	五十股	伍仟元	伍仟元	有限	無	卅	十二	廿九	當選董事
陳懷先	陳懷先	重慶曾家岩	四十股	肆仟元	肆仟元	有限	無	卅	十二	廿九	當選董事
傅友周	傅友周	重慶小較場	四十股	肆仟元	肆仟元	有限	無	卅	十二	廿九	當選監察人
楊伯昌	楊伯昌	重慶千廝門順城街	五十股	伍仟元	伍仟元	有限	無	卅	十二	廿九	
康心如	康心如	重慶柴家巷	一千零七十股	拾萬零七千元	拾萬零七千元	有限	無	卅	十二	廿九	當選監察人

第二頁

戶名	姓名或代表名	住址	股數	股銀	已繳股銀	責任	股分以外出資之種類及其以財產為出資之價格	繳銀期 年月日	備註
市政府	張必果	重慶黃家墻	三千股	叁拾萬元	叁拾萬元	有限	無	卅 十二 廿九	
潘仲三	潘仲三	重慶曾家岩	二百股	貳萬元	貳萬元	有限	無	卅 十二 廿九	當選董事
鄭記	鄭平	重慶正陽街	五十股	伍仟元	伍仟元	有限	無	卅 十二 廿九	
唐子晋	唐子晋	重慶五福宮	一百股	壹萬元	壹萬元	有限	無	卅 十二 廿九	
范紹增	范紹增	重慶上清寺	一百股	壹萬元	壹萬元	有限	無	卅 十二 廿九	
珩記	徐次珩	重慶川康銀行	五百股	伍萬元	伍萬元	有限	無	卅 十二 廿九	
劉聞非	劉聞非	重慶永齡巷	五十股	伍仟元	伍仟元	有限	無	卅 十二 廿九	
森記	張必果	重慶黃家墻	二百股	貳萬元	貳萬元	有限	無	卅 十二 廿九	

14

戶名	姓名或代表名	住址	股數	股銀	已繳股銀	責任	股分以外出資之種類及其以財產為出資之價格	繳銀期 年	月	日	備註
源記	甘典夔	重慶公園路	二百股	弍萬元	弍萬元	有限	無	廿四	十二	廿九	
溥記	郭文欽	重慶白象巷	二百股	弍萬元	弍萬元	有限	無	廿四	十二	廿九	
復記	胡汝航	重慶五福宮	五百股	伍萬元	伍萬元	有限	無	廿四	十二	廿九	
直記	傅友周	重慶小較場	五十股	伍仟元	伍仟元	有限	無	廿四	十二	廿九	
共計	三十六戶		弍萬股	二百萬元	弍百萬元	有限	無				
						有限	無				
						有限	無				
						有限	無				

第三頁

15

（第一種用紙）

重慶電力股份有限公司創立會決議錄抄本

日　期　民國二十五年一月二十五日下午二時

地　點　重慶第一模範市場

到會股東　股數計一萬八千三百股　戶二十九戶　權九千二百九十五權

查本公司股東共三十六戶計弍萬股

一、行禮如儀

二、公推劉航琛為主席

三、四川省建設廳委員何遒仁先生蒞會監督

四、主席報告本日到會股東戶數股數均已過半依公司法第一百條第二項之規定可以開會

五、發起人石體元報告籌備經過情形並報告所收股款均已足額又報告並無設立費用

正則會計事務所

第一頁

六、主席云公司章程草案业经油印分送各股东，兹请逐条讨论
主席遂将章程逐条朗读讨论通过如另文
主席云公司章程既经全文通过，各位如无异议，应请起立付总表决
全体起立通过
七、主席请各股东投票选举董事监察人
公推何北衡、胡叔潜为检票员
投票结果
董事
潘仲三君得六四五〇权
石体元君得六四二〇权

16

胡仲實君得六四〇〇權
周見三君得六二六五權
周季悔君得五九七五權
康心如君得五五五〇權
劉航琛君得四四九五權
陳懷先君得二〇四〇權
盧作孚君得五一〇〇權
以上九人當選為董事
傅友周君得八八〇權
吳晉航君得五三〇權
何北衡君得八〇權
以上三人為候補董事

(第一種用紙)

[illegible][illegible]會議事務所

監察人

張必果君得六四五〇權

郭文欽君得五六四五權

甘典夔君得五六四五權

胡汝航君得五三六〇權

傅友周君得一五〇五權

以上五人當選為監察人

吳晉航君得一二八、權

胡叔潛君得七五五權

潘昌猷君得五〇五權

以上三人為候補監察人

八、董事監察人依公司法第一百零三條之規定調查報告如

17

下
（一）股份二萬股每股國幣一百元已如數認足
（二）應繳股款國幣二百萬元已如數繳足
（三）股東並無以金錢外之財產抵作股款者
（四）發起人潘仲三等七人應得之特别利益尚屬適當
衆無異議

九、散會

主　席　劉航琛
四川省建設廳代表　何廼仁

（第一種用紙）
王則會計事務所
第三頁

18

照抄调查报告书

兹依照公司法第一百零三条之规定调查报告如下

一、股份弍万股每股国币一百圆已如数认足

二、应缴股款国币弍百万圆已如数缴足

三、股东并无以金钱外之财产抵作股款者

四、发起人潘仲三等七人所得受之特别利益尚属适当

董事　周见三

周季悔

潘仲三

石体元

胡仲实

康心如

（第一种用纸）

正则会计事务所

第全页

劉航琛
陳懷先
盧作孚
監察人 郭文欽
甘典夔
胡汝航
傅友周
吴晋航

民國二十五年一月二十五日

1P

創業概算書

	元
(一) 發電設備費	900,000.00
(二) 輸電配電設備費	500,000.00
(三) 用電設備費	280,000.00
(四) 業務設備費	120,000.00
(五) 流動資金	150,000.00
(六) 其他創業事務費	50,000.00
總計	2,000,000.00 元

第一頁

（第二種用紙）

收入概算書

			年收	
(一) 電燈		元角分	元	角分
(甲) 包燈制　全年用電約共2,400,000度	每度1角4分或2角8分			
計特價燈　" 360,000度	每度	14	50,400	00
普通燈　" 2,040,000度	每度	28	571,200	00
(乙) 路燈　1,000盏	每盏每月	1 20	14,400	00
(二) 電力				
全年用電約共1,140,000度	每度6分或1角2分			
1.　"　" 1,080,000度		06	64,800	00
2.　"　" 60,000度	每度	12	7,200	00
(三) 電熱				
全年用電約 12,000度	每度	09	1,080	00
(四) 其他（業務補助收入及其他）				
計檢驗費接電費移線補助費等	每月約1,000	00	12,000	00
總　計			721,080	00

20

支出概算書

款目	年收
(一) 薪金	元 78,000.00
(二) 工資	36,000.00
(三) 燃料	72,000.00
(四) 潤滑油	6,000.00
(五) 消耗	72,000.00
(六) 修繕	36,000.00
(七) 租費	12,000.00
(八) 事務費	24,000.00
(九) 保險	3,000.00
(十) 呆賬	6,000.00
(十一) 稅捐	10,000.00
(十二) 折舊	90,000.00
(十三) 債款利息	80,000.00
(十四) 其他費用	10,000.00
總計	元 535,000.00

第二頁

(第二種用紙)

21

(第一種用紙)

重慶電力股份有限公司呈請設立登記事項單

公司名稱	重慶電力股份有限公司
所營事業	專營供給全市電光電力及電熱業務
股份總銀數	國幣二百萬圓
每股銀數	國幣一百圓
每股已繳銀數	繳足
本店所在地	重慶第一模範市場
公告方法	登載於重慶市之新聞紙

正則會計事務所

第 全 頁

22

（第一種用紙）

重慶電力股份有限公司董事監察人名單

職別	姓名	住址	所有股份	當選權數
董事	潘仲三	重慶曾家岩	二百股	六千四百五十權
	石體元	重慶曾家岩	五十股	六千四百二十權
	胡仲實	重慶蹇家橋	二百股	六千四百權
	周見三	重慶馬蹄街	一千股	六千二百六十五權
	周季悔	重慶大溪溝	一千股	五千九百七十五權
	康心如	重慶紫家巷	一千零七十股	五千五百五十權
	劉航琛	重慶白象街	一千股	四千四百九十五權
	陳懷先	重慶曾家岩	四十股	二千零四十權
	盧作孚	重慶民生公司	一千股	五千一百權
監察人	郭文欽	重慶白菓巷	一千五百股	五千六百四十五權

第 全 頁

正則會計事務所

甘典夔	重慶公園路	二百股	五千六百四十五權
胡汝航	重慶五福宫	一千股	五千三百六十權
傅友周	重慶小較場	四十股	五百零五權
吴晋航	重慶曾家岩	一千股	一千二百八十權

电气事业注册规则（一九三八年七月） 0219-2-34

中華民國二十七年七月

電氣事業註册規則

經濟部刊物第二種第一類

工註1/法2,總3

12

電氣事業註册規則

十九年六月六日前建設委員會公布
二十二年五月二十五日前建設委員會第一次修正公布
二十六年七月一日前建設委員會第二次修正公布

第一條　電氣事業取締規則所規定之註册及換照，悉應依照本規則之規定辦理之。

第二條　電氣事業之聲請註册，其具名之聲請人規定如下：

(一)民營

(甲)獨資經營者，由出資人呈請之；

(乙)合資經營者，由出資人全體呈請之；

(丙)公司者，由公司代表呈請之；股份有限公司者，由全體董事監察人呈請之。

(二)公營　由主辦機關呈請或咨請之。

(三)官商合辦　依照本條第一款乙目或丙目辦理。

第三條　電氣事業聲請註册時，應備具下列各項註册書圖：

(一)企業意見書　應依照電氣事業註册表式一塡製。

(二)創業概算書　應依照電氣事業註册表式二塡製。

12-1

(三)收入概算書　應依照電氣事業註册表式三塡製。

(四)支出概算書　應依照電氣事業註册表式四塡製。

(五)工程計劃書　應依照電氣事業註册表式五塡製。

(六)主要人員履歷書　應依照電氣事業註册表式六塡製。

(七)擬定之營業區域圖　應根據精確之地圖繪製，添註顯明區域界綫，擇要註明四至地名，並開明圖例縮尺及方向。此圖應由首席聲請人署名蓋章。

(八)公司章程　如係公司組織者應附送。

(九)投資人名簿　應詳載投資人姓名住址所認股數每股票面數額及實繳數額。

(十)擬定之營業章程　應詳載關於業務之各種價格手續及收費辦法。

(十一)擬定之購電合同　如係向他處躉購電流者應附送。

(十二)水力工程計劃書　如係水力發電者，應擬具簡要計劃書附送。

(十三)內綫圖　應按照通用綫路格式，載明發電所內全部接綫方法；不自發電者以接受外來電力之主要配電所代之。此圖應由主任技術員署名蓋章。

（十四）綫路分佈圖　應註明發電所配電所及配電變壓器之位置及容量暨各段綫路之電壓及所用導綫。必要時高壓低壓可分別繪製。此圖應由主任技術員署名蓋章。

（十五）證件　主任技術員畢業文憑及服務證明書之攝影或抄本。

上列第一款至第六款所稱之電氣事業註冊表式，由建設委員會規定之。此項表式，可向建設委員會免費領用。但爲事實上之便利，亦得照樣自行繪製。

第四條　電氣事業聲請註冊，其程序規定如下：

（一）民營

（甲）營業區域之屬於一個初級地方監督機關者，應將註冊書圖連同地方監督機關意見書之空白表格各三份，呈送該初級地方監督機關。

營業區域之屬於二個以上之初級地方監督機關者，應將註冊書圖連同地方監督機關意見書之空白表格各三份，呈送主要營業區域所在地之初級地方監督機關，同時並將註册書圖各一份，連同地方監督機關意見書之空白表格各三份，分呈其他初級地方監督機關。

(乙)初級地方監督機關應於填註意見書後，將意見書及註册書圖各抽存一份，並將餘件轉呈上級地方監督機關。

(丙)上級地方監督機關應將註册書圖及各地方監督機關意見書各抽存一份，並將餘件連同加具之審查意見，轉送建設委員會。

(二)公營

應將註册書圖三份逕送建設委員會，以備核准後分發各級地方監督機關備查。

(三)官商合辦

將註册書圖各一份分呈各級地方監督機關及建設委員會，對於初級地方監督機關並應附呈地方監督機關意見書之空白表格各三份，以備填註存轉。

上項所稱地方監督機關意見書之空白表格，由建設委員會規定之。此項表格，

14

可向建設委員會免費領用。但爲事實上之便利，亦得照樣自行繪製。

第五條 電氣事業註册，經核准後，應依照建設委員會核定之營業區域圖繪具同式相當份數，逕送建設委員會，以備蓋印存卷並分發有關係各級地方監督機關及該電氣事業人存查，以資信守。

第六條 電氣事業聲請註册。經核准後，應依照下列之規定逕向建設委員會繳納註册費及印花稅：

（一）民營或官商合辦 註册費按照資本總額，每國幣千元繳納國幣二元，其不足千元之畸零數，亦以千元計算之；印花稅國幣二元。

（二）公營 註册費國幣二百元，印花稅國幣二元。

第七條 民營或官商合辦之電氣事業人增加資本，經核准後，應按照本規則第六條之規定，照增加數添繳註册費。

第八條 本規則自公佈日施行。

附註 本規則第六條規定之印花稅，依非常時期徵收印花稅暫行辦法，應爲國幣四元。

重庆电力股份有限公司稿

事由	修正职员出勤津贴规则由
科	
主任秘书	秘书
主任	科员

总协理

中华民国二十九年十月七日拟稿

收文	月 日收文
发文	1958 字第 号
档案	字第 号

附修正条文如下：

兹修正本公司职员出勤津贴暂行规则第四条及第九条两项公布：

第四条 （甲）凡暂日在一区域内工作者，如业务科之抄表员、收费员、窃电股、稽核组之外勤人员、用电查察员等，每月得支领下列津贴：膳费津贴三十元，车费津贴二十元。

（乙）凡暂日不仅在一区域内工作者至

153

稽核之监工员等稽核各项事务之检验员封
表员监工员等每月得支领下列津贴
如每须每日出勤者其车膳费津贴依临
时外勤成支津贴规则办理（如有出车
接送之监工员不得领车费津贴）
膳费津贴 三十元 车费津贴五十元
第九条 （丙） 凡无公共汽车乘搭之处
按照车费或轿费支领津贴惟出勤
地点在一公里之内者不得支领车费
或轿费津贴 惟因工作关系不及回[illegible]
之地点用膳者得支膳费津贴

重慶電力股份有限公司稿

事由：修正技工學徒小工出勤津貼規則由

科：主任秘書　秘書　主任　科員

總協理 育吾

中華民國二十九年十月七日

茲修正（增訂）本公司技工學徒小工出勤津貼暫行規則第十五條第十六條

公佈之

總經理 劉○○

二十九年十月七日

附增訂條文如下：

第十五條 出勤在一公里之內者不給

伙食津貼

原第十五條改為第十六條

重庆电力股份有限公司关于修正技工、学徒、小工、职员出勤津贴暂行规则的布告（附规则）（一九四〇年十月七日）

0219-2-196

155

章程附第十六条改为第十七条

中華民國　年　月　日

本公司技工学徒小工出勤津贴暂行规则

一、本公司技工学徒小工因公出勤支领出勤津贴悉依照本规则办理

二、出勤津贴分两种：一为膳费津贴，一为车费津贴

三、本公司出勤技工学徒小工分两种：一为经常外勤技工学徒小工，即每日均须出外工作者；一为临时外勤技工学徒小工，即因公临时被派出勤者

四、经常外勤技工学徒小工如工务科电务股及业务科用户股與为办事要之技工学徒小工一律不得支领车费

五、经常外勤技工学徒小工如工务科电务股及业务科用户股与办事要之技工学徒小工因公出勤不及回固定地点用膳者得

支领饭费津贴规定如左：

（甲）技工每餐壹元　（乙）学徒小工信差每餐伍角

（六）经常外勤技工学徒小工饭费津贴由各科所主管人按照本规则逐日登记月终由总经理协理核准后交总务科庶务股发给

（七）临时外勤学徒小工除事先经主管人允准者外一律不得支取本项津贴

（八）临时外勤技工因公出勤得支取公共汽车费实报实销如公共汽车不能达之处并事先经主管人允准者得支领洋车费或轿费实报实销

（九）临时外勤技工学徒小工因公出勤不及回固定地点用膳者得支取饭费津贴实报实销并须以饭店账单为凭领班每餐不得超过

157

兩元，技工不得超過壹元伍角，小工學徒伙食費不得超過壹元

十一、臨時外勤技工學徒小工因公被派出勤，由派遣主管人填給出勤證，證上填明日期、出發地、目的地、出發時間，並出勤技工學徒小工公畢返回出發地後應立即繳回出勤證，以得支領車費、飯費、津貼，支出勤證上填明數目，將膳費單據經主管人核定後再由該管科室處主管人簽核，發回出勤人憑證領款。

十二、經常及臨時出勤技工學徒小工不得任意延宕時間，藉領飯費津貼，違者除不准支銷外並應受懲戒處分，各科室處主管人有核查之權。

十三、各科室處主管人應根據本規則核定臨時出勤技工學徒小工之飯費、車費、津貼，在本規則未經明白規定之處，由各科室處主管人

核定未經各科室處主管人核准者不得支付

（十三）各科室處應每月造具臨時出勤職員車費飯費津貼表送呈

總經理協理核閱

（十四）經常或臨時出勤技工學徒小工因公赴江北或南岸或由江北南岸

至北岸者均得支取渡輪或渡船費事先未經主管人允准者不得照支

（十五）出勤在一公里之内者不得領取飯費津貼

（十六）本規則自公佈之日施行

（十七）本規則如有未盡事宜得隨時修改之

158

本公司職員出勤津貼暫行規則

(一)凡本公司職員因公出勤支領出勤津貼悉依照本規則辦理

(二)出勤津貼分兩種：一為膳費津貼，一為車費津貼

(三)本公司出勤職員分兩種：一為經常外勤職員，即每日均須在外工作者；一為臨時外勤職員，即因公臨時被派出勤者

(四)經常外勤職員分兩種，車費膳費津貼規定如左：

甲、凡整日在一區域內工作者（如業務科之抄表員、收費員、接戶股及窃電取締組之外勤員（兼窃電員兼））每月得支領下列津貼

膳費津貼叁拾元　車費津貼弍拾元

乙、凡整日不僅在一區域內工作者（如工務科之監工員、業務科及

各科事务处之职员对襄理以上之职员得另领下列

津贴：有卡车接送之职员不得领车费津贴

批：每逢每日出勤者其车马费津贴依临时外勤职员津贴规则办理

南岸[illegible]南厂

膳费津贴叁拾元　车费津贴伍拾元

五、经常外勤职员车费、饭费津贴由各科室厂主管人按照规定逐月造表签由总经理协理核准后交总务科按月发给

六、临时外勤职员因路远须乘车、轿者得按路程远近支领车费津贴

七、临时外勤职员不及赶回固定用膳地点用膳者得支领膳费津贴

八、临时外勤职员被派公出时由派遣主管人员填给出勤证，上填明所往出发地、目的地、出发时间等，公毕返回出发地后将该支领车费、膳费津贴者每日在出勤证上填明数目，附膳费单据

159

繳回孟買人員核定後再由該管科處會同孟買人員核發回國出勤人員憑證領款

（九）臨時外勤職員之車費飯費津貼規定如左：

甲、膳費津貼應實報實銷並須以敘定職等為工程師股長主任以上職員每餐不得超過叁元工程師股長主任以下職員每餐不得超過兩元

乙、凡職員臨時被派赴公出城近城或至小龍坎沙坪壩等地其車費津貼數目按照公共汽車之價支領

丙、凡無公共汽車可搭之處得按照車費或轎費支領津貼遇出勤地點在一公里至兩公里者不得支領車費或轎費津貼　唯因工作關係不及回固定地點用膳者得支膳費津貼

丁、凡乘公司卡车出勤工作时不得支领车费津贴

戊、凡乘搭公共汽车或公用卡车尚不能达到之地点其后段车费津贴得照本条丙款规定支领，惟离公共汽车站在一公里以内者不得支领该车费或饍费津贴

（十）临时出勤职员不得故意延宕时间冀领饭费津贴，违者除不准支领外并应严惩，该处分各科室处主管人有核夺权

十一、各科室处主管人应按照本规则核定饭费车费，违本规则者得将核定之费由各科室处主任核夺，未经各科室处主管人核准者不得支领

十二、各科室处应每月造具临时出勤职员车费、饭费津贴表送呈

160

總經理協理核閱

十三、經常夜間臨時出動職員因公至江北或南岸或由江北南岸至北岸均得支領渡輪或渡船費事先未經主管人允准者不得包船

十四、本章規則自公佈之日施行

十五、本規則如有未盡事宜得隨時修改之

發文電字第　　號

161

兹修正本公司職員出勤津貼暫行規則第四條及第七條兩項公佈

總經理 劉航琛 廿九年十月九日

附修正條文如下：

第四條 經常外勤職員分兩種，其車膳費津貼規定如左：(甲)凡整日在一區域內工作者（如業務科之抄表員、收費員、電表取締組之外勤人員等）每月得支取下列津貼：膳費津貼三十元，車費津貼三十元。(乙)凡整日不僅在一區域內工作者（如工務科之監工員、業務科及稽查室之檢驗員、對表員、監工員等）每月得支領下列津貼，如毋須每日出勤者，其車膳費津貼依臨時外勤職員津貼規則辦理（如有僱定之監工員不得領車

费津贴）膳费津贴三十元　车马费津贴五十元第九条(丙)
凡有公共汽车乘搭之处均照车费或船费支领津贴惟出勤
地点在一公里之内者不得支领车费或膳费津贴惟因工作关
系不及回固定地点用膳者得支膳费津贴

檔卷股

重庆电力股份有限公司关于核查第二次修正职员出勤津贴的布告（一九四〇年十月十五日）　0219-2-196

重慶電力股份有限公司稿

事由：第二次修正職員出勤津貼由

總協理（印）

秘書（印）

中華民國二十九年十月　日擬稿

查本公司職員出勤津貼業經增訂并於本月七日以蓉文電字第一九五八號通知公佈在案茲為徹底實際再斟酌實際情形況分別釐定俾資改正如后

第四條（甲）凡整日在一區域內之工作者（如業務科之抄表員收費員電服稽核組之外勤員等）每月得支領

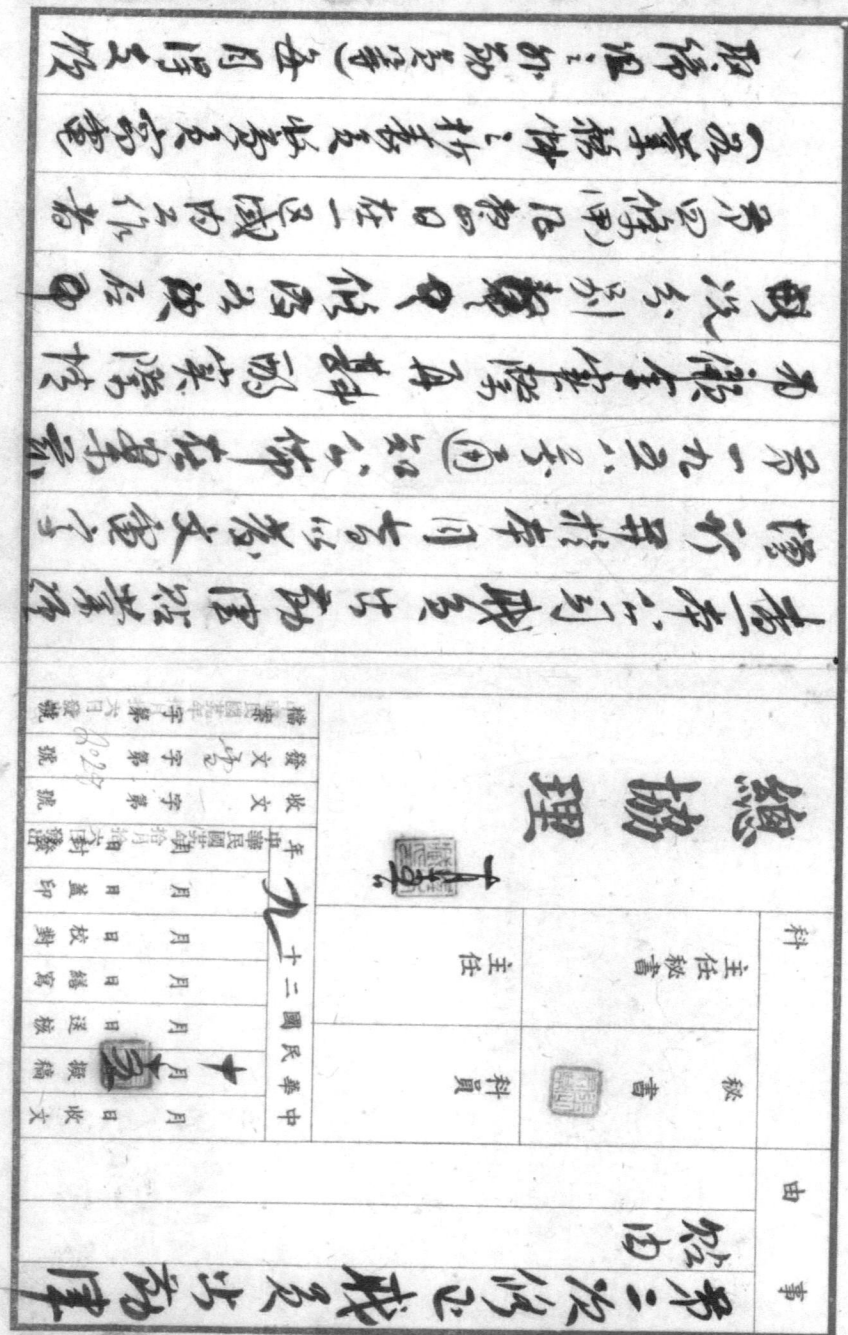

164

下列津贴
膳费津贴三十元
但在南岸沙坪坝化龙桥、[illegible]园
及江北路城上游一带工作者得支领
车费津贴五十元 在新市区
及江北路城下游一带工作者得支领车费津
贴四十元 在城区工作者得支
领车费津贴二十元
（二）膳食津贴三十元 不发车
费津贴 修正如下 车费津贴七十元
在南岸沙坪坝化龙桥、[illegible]园
及江北路城上游一带工作者得
支领车费津贴八十元 在
新市区及江北路城下游一带
工作者得支领车费津贴七十元
在城区工作者得支领

165

車費津貼五十元

總經理劉〇〇

協理程〇〇

廿九年十月十五日

中華民國　　年　　月　　日

重庆电力股份有限公司稽核室组织规程（一九四〇年十月二十一日） 0219-2-45

發文電字第002135號

8

重慶電力公司稽核室組織規程（廿九年十月廿一日第五十四次董事會修正通過）

第一條 稽核室依本公司組織大綱第　條之規定組織之

第二條 稽核室設主任稽核一人副主任稽核一人承總協理之命主持本室一切應辦事務

第三條 稽核室辦理下列稽核事項及有關之統計事項

（一）關於現金出納銀行往來之審核事項

（二）關於預算決算及經費開支之審核事項

（三）關於會計賬冊表報單據之稽核事項

（四）關於材料工具購置存儲之稽核及統計事項

（五）關於庶務物品購置分發領用之稽核及統計事項

（六）關於添設桿線接戶裝表及其使用材料之稽核及統計事項

（七）關於總分廠供用經常維持修配部份添置材料之稽核及統計事項

（八）關於電價收繳情形之稽核事項

（九）關於訂立售電合同之稽核事項

（十）關於縣外線路工程及購買合同之稽核事項

（十一）關於支發薪工津貼之稽核及統計事項

（十二）關於售電供電用電情形之稽核及統計事項

（十三）關於本公司新工程臨時工程之設計預算及實施情

之人工薪給之稽核及統計事項

（十四）關於各廠處工作人數及對於本公司各種管理規則遵守之稽核事項

（十五）關於總協理臨時指派之稽核及統計事項

第四條 稽核室分設三股辦事，每股設主任一人，其職掌如下：

（一）審核股掌管本規程第三條所列應辦之審核事項

（二）稽核股掌管本規程第三條所列應辦之稽查事項

（三）統計股掌管本規程第三條所列應辦之統計事項

第五條 本公司為事實之需要，暫於本室設置催收股一股，辦理本公司營業收入之催收及其交涉事項

第六條 稽核室分股視事務之繁簡酌設科員見習生若干人

第七條 稽核室為辦事便利得酌設外勤或駐外職員派駐公司各辦事處工程處及廠房等處

第八條 稽核室因事實之需要得臨時請 總協理調派或聘請技術人員辦理特種稽核事宜

第九條 稽核室辦理事項應按月用書面表單報告 總協理

第十條 稽核室各股主任辦事員見習生及駐外職員由 總協理派充或調任之

第十一條 稽核室辦事細則另定之

8-12

第十二條 總該室職員服務規則除本章程規定外仍照本公司職員服務規則辦理之

第十三條 本規程未盡事宜隨時報請總協理核定修正之

第十四條 本規程經 總協理核定後公佈施行

8-3

附件：

經濟稽核室各股應辦事項分別臚列如后：

一、審核股

（一）會計賬册表報單據之審核

（二）材料工具購置之審核

（三）庶務物品購置之審核

（四）添放接線之審核

（五）領用材料之審核

（六）售電合同之審核

（七）對外締結合同之審核

（八）支發薪工津貼之審核

（九）工程設計及預算之審計

（十）臨時指派之審核

（二）稽查股

（一）材料存儲之稽查

（二）廠務物品分發領用之稽查

（三）供電用電材料之稽查

（四）經常維持材料添配材料使用之稽查

（五）新工程臨時工程人之材料之稽查

（六）各廠處工作人數及各種管理規則遵守之稽查

（七）臨時指派事務之稽查

8-4

（三）统計股

（一）會計方面之統計

（二）材料方面之統計

（三）廠務開關之統計

（四）營業情形之統計

（五）供電情形之統計

（六）用電情形之統計

（七）新工程及臨時工程人工材料之統計

（八）臨時指派之統計

重慶電力公司稽核室催收股辦事細則

「總則」

第一條 本細則依照電力公司稽核室組織規程第 条之規定製定之

第二條 本股承主任稽核之命辦理本公司電費票據之催收事宜

「組織」

第三條 本股設主任一人主辦本股對內對外一切事務

第四條 本股設催收員 人辦理欠費之催收及調查業務幷收費員收費之情形

第五條 本股設科員 人承本股主任之命辦理本股賬册公記文件之管理與經常之工作報告

「催收工作」

第六條　本股經辦之催收工作以下列四項步驟完成之

（一）本股於收費股未收票據中有下列情形而無法收取

（1）用戶杖勢不付或移闸電表

（2）用戶被炸

（3）用戶遷移無人負責

（4）欠費折表電費超出保證金拖延不付

（5）特種情形不能收費提出調查整理催收

（二）依提出之票據分區存放並用卡片表明實數字及情形由催收員逐日出勤調查用戶欠費之原因加以催收

（三）催收員催收回股之電費隨存根逐日繳出納股收據照收費股繳款方法處理之

（四）經相當時間及手續之催收本股認為該戶無法收取者

刘航琛、程本臧关于一九四一年六月一日实行重庆电力股份有限公司出勤津贴、值班津贴及值日津贴暂行规则并检附改订津贴一览表（一九四一年六月二十八日）　0219-2-196

296

發文電字第3810號

本公司出勤津貼值班津貼及值日津貼加以修正自三十年六月一日起施附表實行特此通告

附本公司改訂津貼一覽表

總經理 劉航琛

協理 程本臧

三十年六月廿八日

重慶電力公司津貼一覽表

三十年六月製

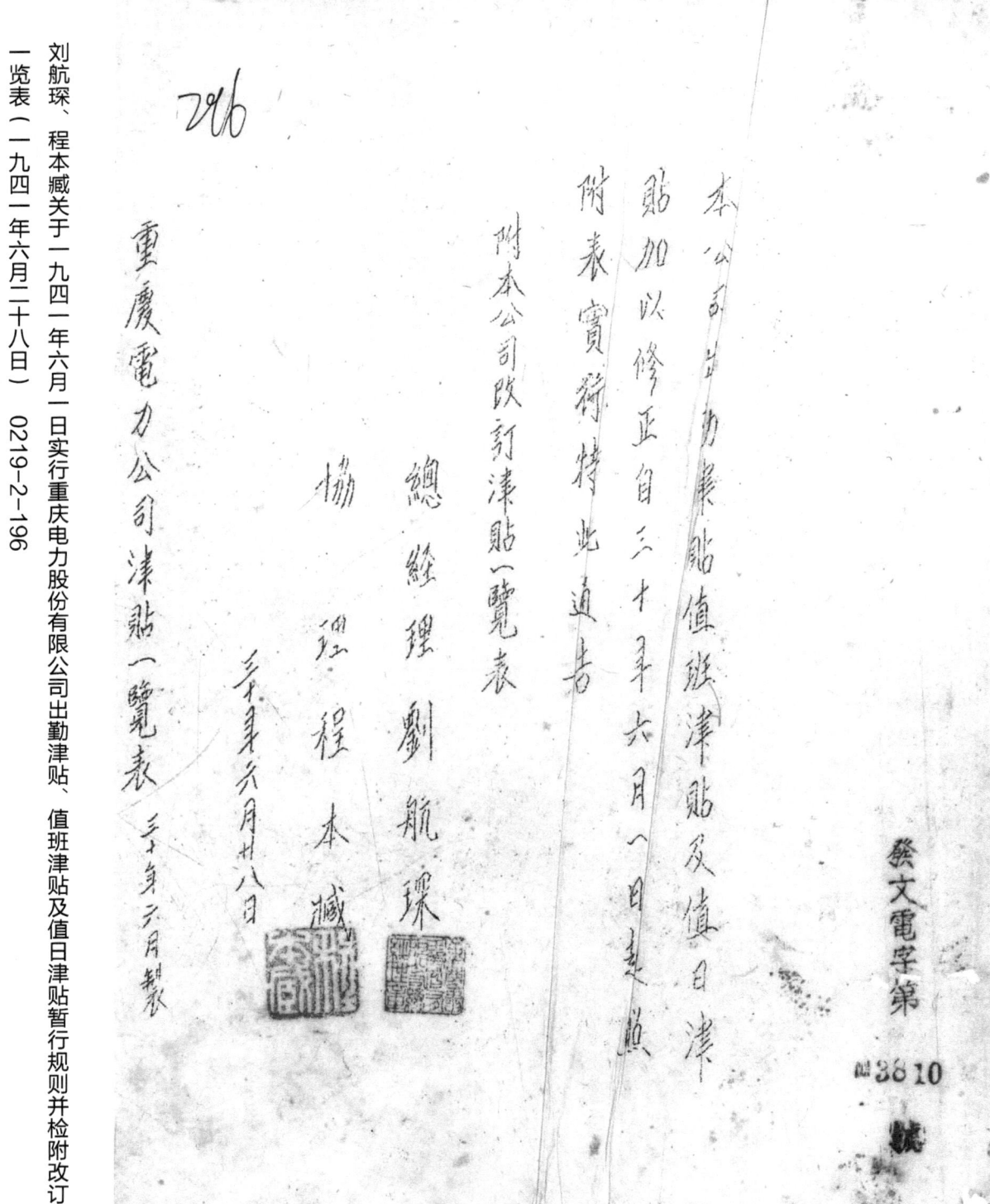

津貼種類	金額			備考
	職員	見習生技工	學徒小工公役	
甲種出勤津貼	膳費七〇〇〇 車費八〇〇〇	見習生同職員待遇技工無津貼		每月經常在一定區域內工作者如駐廠員檢驗員封表員
乙種出勤津貼	膳費七〇〇〇 車費三五〇〇	同右		每月每日在一定區域內工作者如收費員抄表員
丙種出勤津貼	膳費四〇〇〇 車費三〇〇〇	同右		每月有一部時間每日在一定區域內工作者如出納稽查員庶務員收費主任及稽查外勤人員
丁種出勤津貼	主任以上膳費五〇〇〇 主任以下膳費四〇〇〇	膳費三〇〇〇	膳費一〇〇〇	臨時出勤車費實支實報
空襲值班津貼	五〇〇〇			廠務值班人員
值日津貼	四〇〇〇			
總分廠值班津貼	三〇〇〇	一五〇〇	一〇〇〇	

一、上開改訂各項津貼均自本年六月一日起實行

二、上開各項津貼係以米價每市石二百四十元為標準計算，以後米價漲跌即根據伸縮

重庆电力股份有限公司业务科关于请鉴核重庆电力股份有限公司各种出勤津贴上刘航琛、程本臧的呈（附津贴种类一览表）

（一九四一年六月二十八日）　0219-2-196

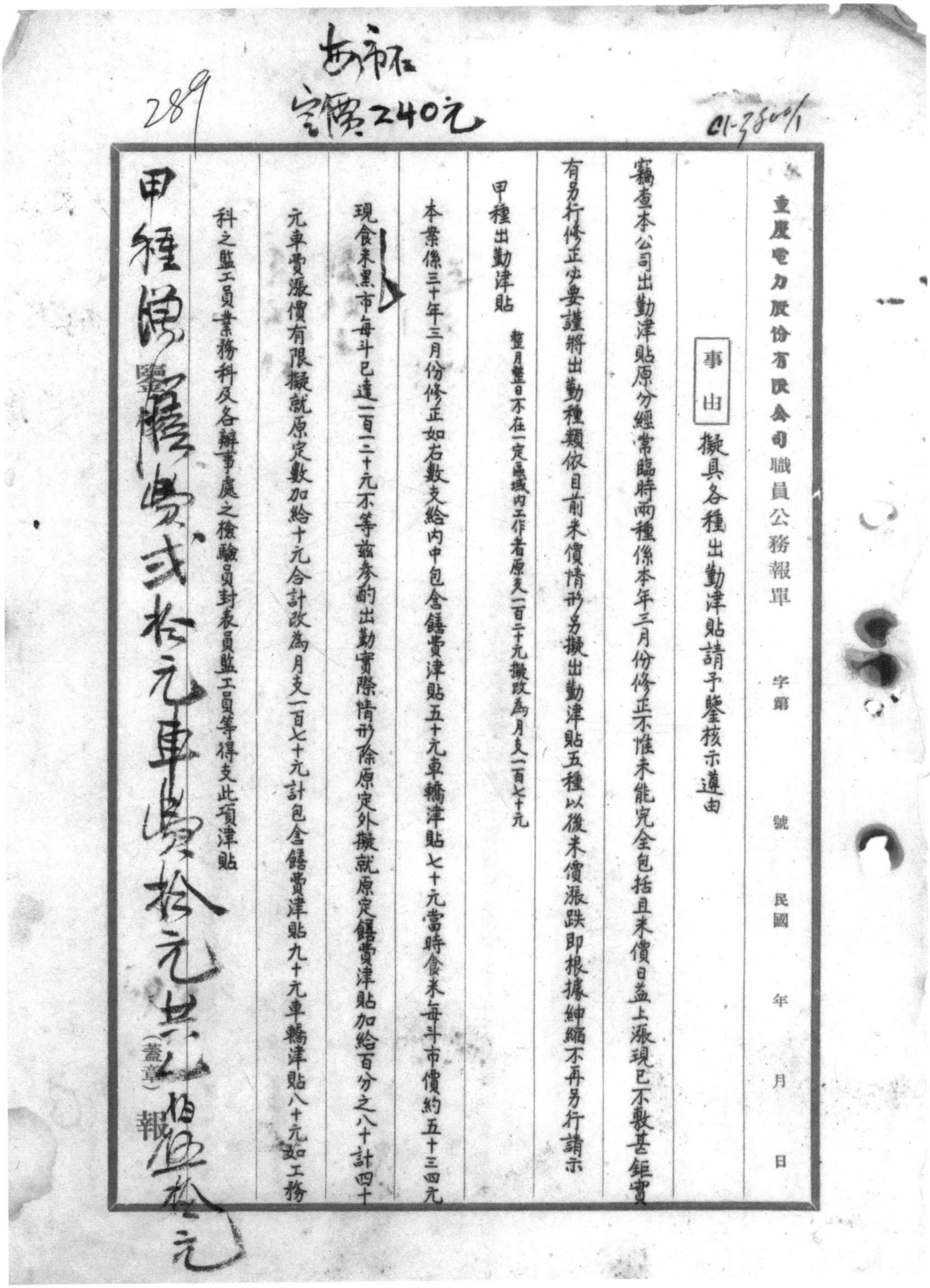

289

C1-3800/1

重慶電力股份有限公司職員公務報單　字第　號　民國　年　月　日

事由：擬具各種出勤津貼請予鑒核示遵由

竊查本公司出勤津貼原分經常臨時兩種係本年三月份修正不惟未能完全包括且米價日益上漲現已不敷甚鉅實有另行修正必要謹將出勤種類依目前米價情形另擬出勤津貼五種以後米價漲跌即根據伸縮不再另行請示

甲種出勤津貼

整月整日不在一定區域內工作者原支一百二十元擬改為月支一百七十元

本案係三十年三月份修正如右數支給內中包含膳費津貼五十元車輛津貼七十元當時食米每斗市價約五十三四元現食米黑市每斗已達一百二十元不等茲參酌出勤實際情形除原定外擬就原定膳費津貼加給百分之八十計四十元車費漲價有限擬就原定數加給十元合計改為月支一百七十元計包含膳費津貼九十元車輛津貼八十元如工務科之監工員業務科及各辦事處之檢驗員封表員監工員等得支此項津貼

（蓋章）報

甲種減膳費式拾元車馬拾元共叁拾元

290

重慶電力股份有限公司職員公務報單　字第　號　民國　年　月　日

事由

乙種出勤津貼　整月整日在一定區域內工作者原支八十元擬改為月支一百二十五元

內中包含膳費津貼五十元車輛津貼三十元膳費津貼照原案加給百分之八十計四十元車輛費照甲種例推算加

照加

給五元計三十五元合計改為月支一百二十五元計包含膳費津貼九十元車輛津貼三十五元如業務科抄表員收

加貳拾元

費員等得支此項津貼

丙種出勤津貼　每月有一部時間整日在不定區域內工作者擬定為月支津貼一百零二元

此種與甲種相同不過非整月俱在出勤茲以每月出勤日期佔全月十分之六計算擬照甲種津貼數目計實支百

分之六十計一百零二元內中包含膳費津貼五十四元車輛津貼四十八元如出納購置廠務各股主任及指定出外詢

丙照甲推算

（蓋章）報

291

重慶電力股份有限公司職員公務報單　字第　號　民國　年　月　日

事由

價採購之料員等均得支此項津貼即不另支臨時出勤津貼

丁種出勤津貼　整月在固定地點工作而無車輛往返之煩者擬定為月支津貼五十元

此種係在一定地點工作而無車輛往返之煩惟伙食非團體合辦消耗數字自然較增故只能給予部份膳費津貼擬照甲乙兩種例折半開支計月支四十五元凡指定派離公司長住一定地點工作如監磅收煤員反寫遠材料管理員等均得請領此項津貼

戊種出勤津貼　臨時出勤津貼

車輛渡費等實支實報膳費主任以上原定每膳津貼五元擬暫不予增加主任以下科員原定每膳津貼三元五

鑒核

（蓋章）報

292

重庆电力股份有限公司职员公务报单

字第　　号　民国　　年　　月　　日

事由

角拟请加给五角改为四元见习生技工原定每饍津贴一元五角学徒小工津贴一元均嫌过低以当时及现在米价为比例均拟请照原定数加倍支给是否可行敬乞

核示谨呈

总经理刘
协理程　鉴核

所拟各节照批办理，仍如拟办。航琛

重庆电力股份有限公司
总务科　（盖章）　报

卅年六月
修正案
293

本公司津貼種類一覽表 三十年五月製

津貼種款	會員類 職員	會員類 見習生技工	會員類 業務小工公役	備攷
戰時津貼	一叁〇 〇〇	一三〇 〇〇	七八 〇〇	三十年四月份
房子津貼	叁〇 〇〇	二四 〇〇	一二 〇〇	照四月份指數計算
總公廠值班津貼	二 〇〇	叁 八〇	壹元五角 五〇	壹元
夜常出勤津貼	不兼任 一六〇 〇〇			
同右	主任 八〇 〇〇			
臨時出勤津貼	主任以上膳費 五 〇〇；主任以下膳費 二 五〇	膳費 一五 〇	膳費 一 〇〇	米費實支實報
實驗值班津貼	五 〇〇	一五 〇	一 〇〇	
值日津貼	三 五〇	四元		

照規定時米價伸縮之

重庆电力股份有限公司改订津贴一览表（一九四一年六月） 0219-2-196

295

重庆电力公司（改订）津贴一览表

三十年六月 [illegible]制

津贴种类	金额			备考
	职员	见习生、技工	学徒、小工、公役	
甲种出勤津贴	膳费七〇〇〇 车费八〇〇〇	见习生同职员待遇，按技工等津贴		整月整日不在一定区域内工作者，如监工员、检验员、封表员
乙种出勤津贴	膳费七〇〇〇 车费三五〇〇	同右		整月整日在一定区域内工作者，如收费员、抄表员
丙种出勤津贴	膳费〇〇（改四） 车费〇〇（改五）	同右		每月有一部时间整日在不一定区域内工作者，如出纳、购置、庶务股主任、领电外勤人员
丁种出勤津贴	主任以上膳费五〇〇 主任以下膳费四〇〇	膳费三〇〇	膳费二〇〇	临时出勤，车费实支实销
空袭值班津贴	五〇〇			厂房值班人员
值日津贴	四〇〇			
总公司值班津贴	三〇〇	一六〇	一〇〇	

十四、上表（另开改订）各项津贴自本年六月一日起实行

十三、上列（开）各项津贴以米价每市石二百四十元为标准计算，以后米价涨跌即照数伸缩。

通报

育英

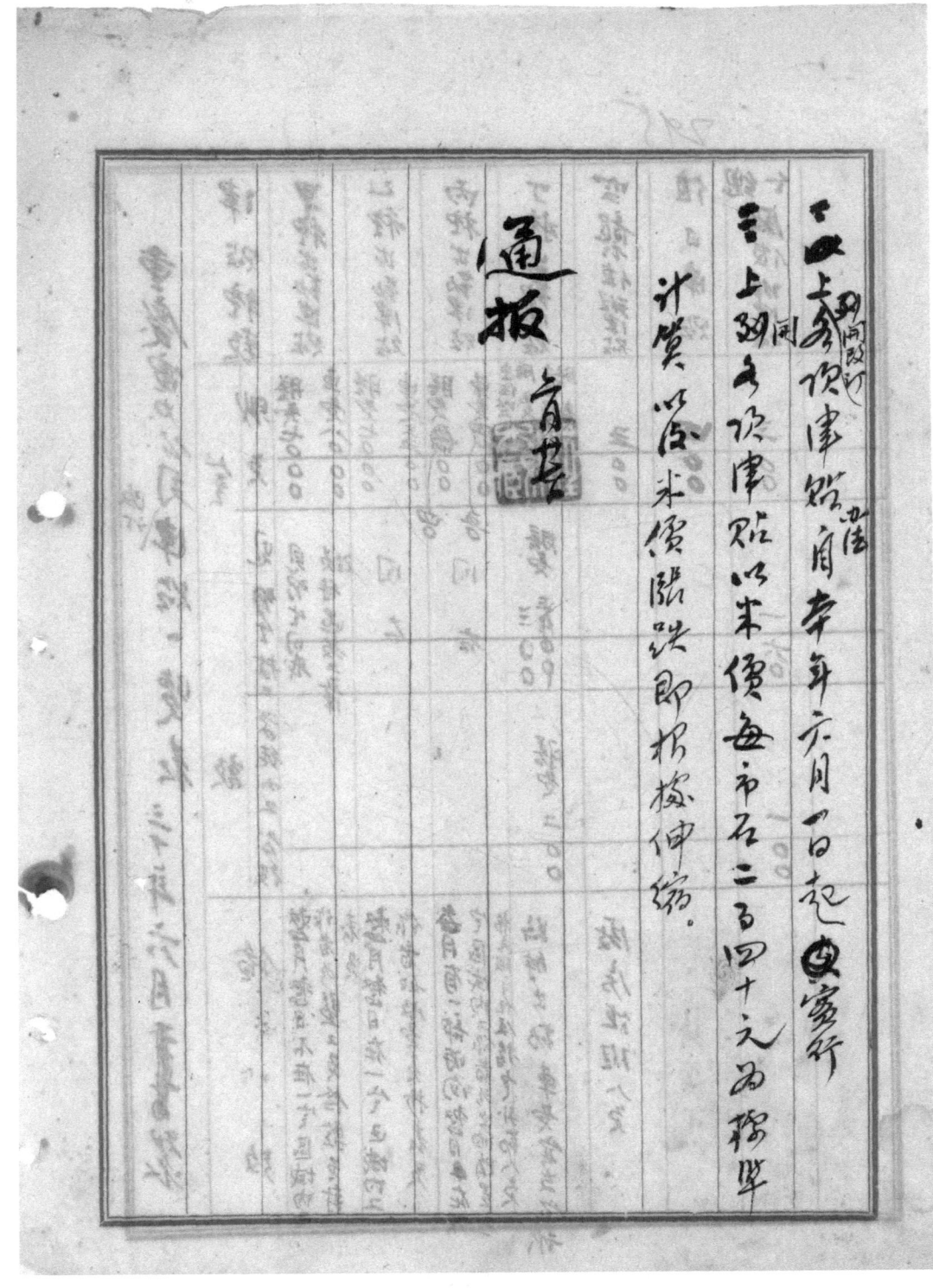

重庆电力股份有限公司章程（一九四一年十一月二十一日） 0219-2-45

1

重慶電力股份有限公司章程

經理室

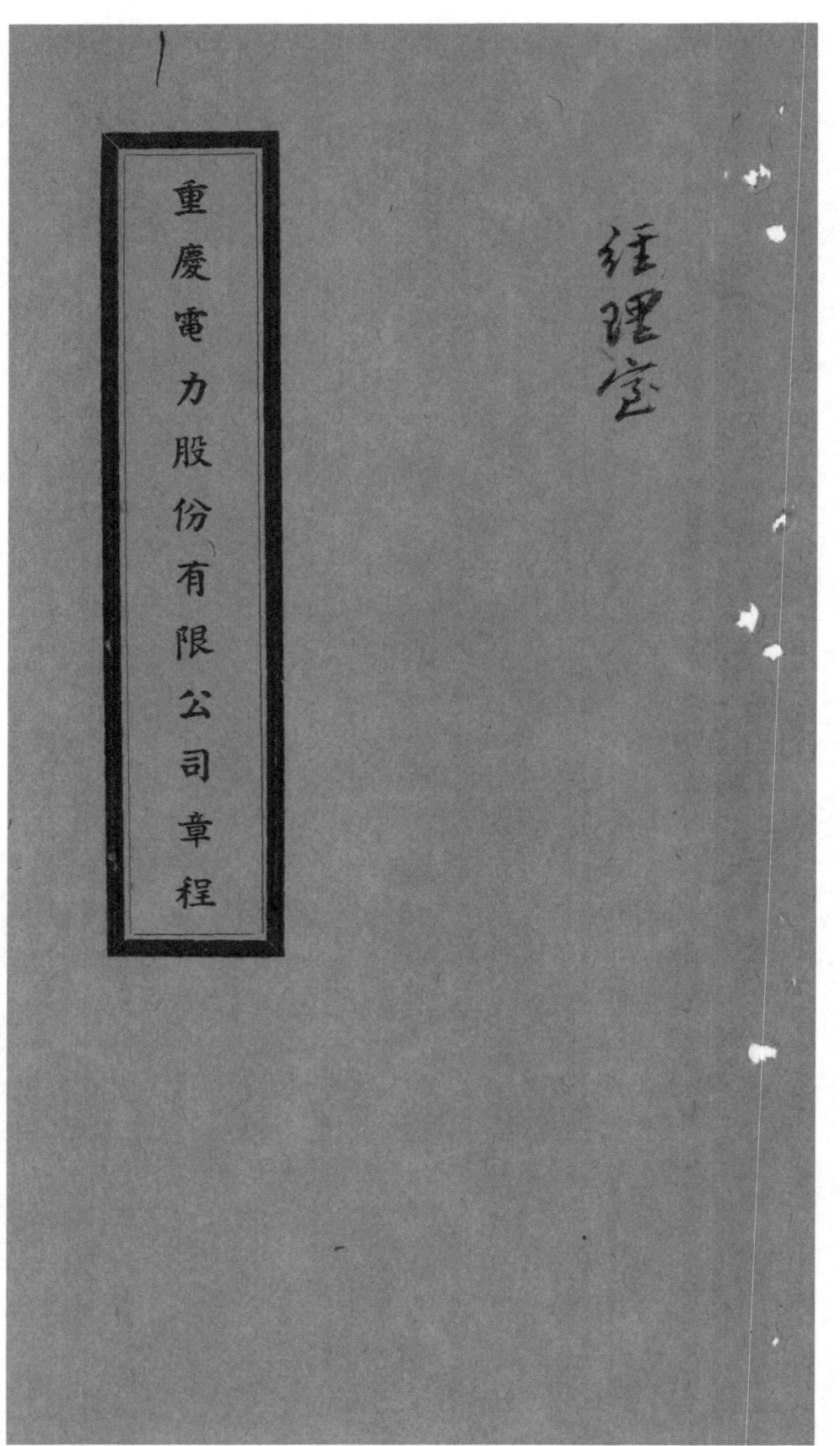

2

重慶電力股份有限公司章程

民國三十年十一月二十一日
本公司臨時股東會通過

第一章 總綱

第一條 本公司係民營集資創辦經市政府核定價格立約收買前燭川電燈公司繼承其各項產業及專營權利依法呈請 經濟部備案

第二條 本公司專售電光電力電熱於重慶市區域内有專營權他人不得為同業之競爭如受用户之要求並得於巴縣江北兩縣境内推廣營業

第三條 本公司依照公司法股份有限公司而組織故定名為重慶電力股份有限公司自刊圖記以昭信守

第四條 本公司廠址設重慶市新市區大溪溝必要時得設分廠於市區内公司營業地址設重慶市内

一

第五條 本公司營業年限定為三十年期滿得繼續呈請展定

第二章 股份

第六條 本公司股本總額為國幣叁千萬元以壹百元為一股共計叁拾萬股

第七條 本公司股本槪以現金一次繳納不得以勞力及財產作股

第八條 本公司股票為記名式分一股十股一百股三種各附息單為支取息金之據

第九條 凡股票之過户依公司法一百一十七條一百二十四條辦理但不得轉賣於非中國人在開股東會前一箇月内及開會期中不得過户

第三章 股東及發起人權利

第十條 股票如有遺失應將號數報明公司一面自行登報三個月後如無枝節再由公司換給新票

第十一條　本公司開股東會時到會股東每一股有一議決權在十一股以上者每二股有一議決權如入股數及代表股數過多者其議決權不得逾全股總數五分之一

第十二條　股東入股至二百股者有被選董事權五十股者有被選監察人權

第十三條　本公司發起七人其名字住址如下潘仲三住重慶曾家岩植廬劉航琛住重慶白象街一百二十四號石體元陳懷先均住重慶曾家岩誠實山莊康心如住重慶定遠碑十二號傅友周住重慶小較場逸公祠胡仲實住重慶蹇家橋四十八號

第十四條　前條之發起人經股東會議決每年於純益内提百分之五作為永遠酬勞金由七人平均分受另立執券為據

第四章　組織

二

第十五條　本公司設董事十五人由股東連記名投票公舉任期三年期滿得連舉連任

第十六條　由各董事互選董事長一人常務董事四人其任期與董事同

第十七條　本公司設監察人七人由股東記名投票公舉任期一年期滿得連舉連任

第十八條　本公司設總經理一人協理一人由董事會聘任辭退時亦同

第十九條　本公司設總工程師一人由總經理聘用函董事會備案

第二十條　本公司應設各科室處另以組織規程規定之

前條之組織規程由總經理擬具提交董事會核定之

第二十一條　各科長員由總經理委用函報董事會備案

第五章　權責

第二十二條　董事長常務董事均得代表董事會主持公司一切事務但有重大事件時須由

4

董事會會議決之

第二十三條　董事會議每月開一次常務董事會每週開一次其開會日期由董事長決定五日前通知

第二十四條　監察人得單獨執行監察公司財產帳據營業情形

第二十五條　總經理承董事會之意旨代表公司主持一切事務担任完全責任協理輔助總經理執行一切事務

第二十六條　各科室處辦事規則由總經理擬定交董事會議決施行

第六章　經費

第二十七條　各董事監察人之輿馬費由股東會決定總經理以下各級職員之薪津由董事會決定

三

第二十八條　本公司經常費用由總經理製定預算函交董事會議決臨時費用隨時條交董事長或常務董事決定

第七章　利益之分配

第二十九條　本公司股東官息定為每年八釐

第三十條　本公司每年總結算時所有利益除一切開支提存財產折舊及公積金外餘存純益按百分率比例分配以五分酬勞發起人十分酬勞董監二十五分酬勞辦事人六十分為股東紅利

第八章　股東會

第三十一條　本公司每年開股東大會一次於總結算後由董事會召集之

第三十二條　本公司於必要時經董事會之決議或有股本總數二十分之一以上股東之請

5

求者均得召集臨時會

第九章　附則

第三十三條　本公司之公告方法除以書面通知外並指定重慶有名報紙兩種以上隨時登載公佈

第三十四條　本公司供給電氣章程悉遵部頒取締電氣事業條例規定呈由主管官署備案

第三十五條　本章程未盡事宜悉遵公司法股份有限公司之規定辦理

第三十六條　本章程經股東會議决呈由主管官署核准施行修改時亦同

四

重庆电力股份有限公司各种规则草案（一九四二年五月） 0219-2-46

重慶電力股份有限公司各種規則草案

三十一年五月擬訂

重慶電力股份有限公司職工保證規則

第一條　本公司職員工友除左列人員外均須有保證人

（一）總經理　（二）協理

（三）總工程師

（四）正副科長正副室主任正副辦事處主任正副組長正副廠主任

（五）總經理協理特許者

第二條　本公司保證分為定額及不定額二種

第三條　主管者得指定負銀錢責任之人員必須用不定額保證其餘

均適用定額保證

第四條　定額保證由主管者酌視被保人職務之性質規定相當金額記

載保證書內由保證人於其金額內負保證之責任

第五條　職務更調主管者認為應用不定額保證或保額應增加時該職

員工友應在更調前商得原保證人同意或另覓保證人更換保證書

第六條　保證人須具備左列條件但第七條之情形不在此限

一、商業上有信用者　　二、住居重慶市區者

第七條　不寄送銀錢票據之工友得由其他工友三人以上之簽名蓋章為其聯帶保證人但一人不得為兩人以上之保證人并不得同時互保

第八條　除前條情形外各職員工友不得互為保證人

第九條　父子兄弟叔姪不得互為保證人

第十條　保證人應先經主管者之認可

第十一條　主管者得指定特種人員必須以商號為保證人但股份有限公司不得為保證人

第十二條 本規則稱主管者在各科為科長在室為主任在組為組長在辦事處為主任在廠為主任

第十三條 保證人經認可後應填具本公司所備之保證書載明保證條件并加蓋姓名印章以商號作保者應由該號經理為代表并應加蓋該店重要印章

第十四條 保證書交到本公司後即派員查明核符審查合格後呈為章後始能認可其承保

第十五條 保證書須照印花稅法貼用印花

第十六條 保證人由本公司每年查詢一次後查明採用通函照保辦法由本公司發函通知原保證人限於十日至二十日函復聲明照舊負責并具原式印章以資證明或由本公司派員持書親赴保證人住在地復書應由保證人在保證書上照原式簽名蓋章用昭

3-1

覈實但未經通知後查或經通知後查而未逾期或簽章保證人仍不藉口免除責任

第十七條 本公司如認保證人為不適當時得隨時通知被保證人更換之

第十八條 保證人應在保證書內聲明自願拋棄民法第七百四十五條所定之先訴抗辯權

第十九條 保證人在保證中被保證人之職務或其服務所在地雖有變更其保證責任並未變更以上所列相同

第二十條 保證人願退保時應以書面直接向本公司通知俟被保證人另覓合格保證人填送保證書後方得發還原保證書
保證人未為前項之通知僅登報聲明退保時本公司不能承認並不發還其保證書

第廿一條 職員之交退職時須先經本公司查明並無未了事件後方

能發還保證書

第廿二條　保證人不論因何退保非俟保證書發還後不得免除其責任

第廿三條　保證人之印章遺失或作廢時在未正式向本公司聲明前本公司仍認爲有效

第廿四條　本規則經董事會議決施行修改時亦同

重慶電力股份有限公司獎懲規則

第一條　本公司職員工友除本規則另有規定外於年終依公司章程第三十條之規定發給普通酬勞金與特別酬勞金普通酬勞金依照薪工額平均分攤之有特殊勞績者發給特別酬勞金依左列各項辦理之

（一）總經理協理由董事會酌定之

（二）總工程師由總經理提請董事會酌定之

（三）正副科長正副主任稽核主任秘書秘書正副辦事處主任正副組長由總經理決定之其他職員工友由主管人呈准總經理酌定之

第二條　職員工友服務在半年以上并終攷績在丙等以上者於年度終了時發給全年所得十二分之一之獎勵金

第三條　職員工友如有臨時之特殊勞績得記功以資鼓勵其陳請及酌定手續準照第一條第二項各款之規定

第四條　臨時服務之職員工友不給酬勞金或特別酬勞金

5-1

第五條　職員工友有過失時應分別輕重依左列辦法懲儆之

（一）告誡　（二）記過　（三）罰薪　（四）減薪　（五）開除

第六條　本公司職員工友任何連續之三年中有記過罰薪減薪之處分二次之紀錄時如因第三次之過失應予記過罰薪或減薪之處分時得逕予開除

但於內曾記功時得將功過按照次數互相抵銷

第七條　懲儆之施行依左列各款之規定

（一）總經理協理由董事會議決之

（二）總工程師由總經理擬定辦法陈請董事會議決之

（三）正副科長正副主任稽核主任秘書秘書正副辦事處主任正副組長由總經理決定之其他職員工友由主管人呈准總經理決定之

第八條　本規則自公佈之日施行

第九條　本規則經董事會議決施行修改時亦同

6

重慶電力股份有限公司請假規則

第一條　總經理協理向董事會以書面請假不適用本規則之規定

第二條　除前條所定以外之職員工友請假時應照左列各款辦理

(一)總工程師向總經理請假函董事會備案

(二)正副科長正副室主任正副辦事處主任正副組長向總經理請假其他職員工友向主管科室處組股主管人請假但在一日以上者應由主管人陳請總經理核准請假時應依式填具請假單敘明起訖日期及職務暫代人員由本人及其職務暫代人員簽名或蓋章續假時亦同

第三條　職務暫代人員以辦理性質相同事務之同人為限

第四條　本公司職工非因婚喪或疾病或其他不得已之事不得請假本人婚姻或父母承重之喪兩星期為限配偶之喪十日為限、

7

第五條　假期之規定如左

（一）事假　每年二十日為限逾期按日扣薪

（二）病假　病假以一個月為限逾一個月者給薪四分之三逾二個月者給半薪逾三個月者給薪四分之一逾四個月者停薪但因公受傷並經特准者不在此限因花柳病鬥毆致傷或吸毒物請病假者概作事假論

第六條　請病假者應先經本公司指定之醫生檢驗認可並出具證明書為憑否則作為事假續假時亦同

第七條　請假回籍者得於請假單上詳叙回籍路程陳請於期限外酌給路程日期此項酌給日期得免扣薪給惟每年以一次為限

第八條　星期日或例假值日不以加工計算者得照其值日時間減少因事假應扣薪給

8

第九條　連續請假至六日以上者假期內之星期日及其他例假均不得扣算

第十條　公務繁忙時不得請假

第十一條　職工如擅離職守或請假逾期未經續假者均為曠職，曠職一日作為事假二日

第十二條　請假未經核准或未將其職務移交暫代人員不得離職，否則以曠職論，續假時亦同

第十三條　遲到早退作曠職論，但遲到尚未逾規定時刻半小時者得免予計算

第十四條　職工任職一年以上在一年內未請事假者，於年終照其二十日之薪工額發給獎金，曾經請假者照其請假日數與二十日之差數（一月薪工額）發給之，全年未請事假病假者，除給予二十日（薪工額）之獎金外，再給予特別獎金五十日

8-1

第十五條　每滿三年度未請事假者除每年度照前條給予獎金外每照前條給予當年之端午獎金外加倍予特別獎金二十日如未請事假滿假者除照前條給予獎金外再給予特別獎金加兩月之薪工額之

第十六條　各廠公處所應分別備具簽到簿及請假簿請假簿內應將職工之請假事由及起訖日期登錄之

第十七條　各廠公處所應以職工請假單之一聯送秘書室人事股登記備查

第十八條　本規則自三十八年七月一日起施行

第十九條　本規則所稱之薪工額依目前發一月之薪工額計算不包括津貼加工工資在內

第二十條　本規則經董事會議決施行修改時亦同

P

重庆电力股份有限公司职工退职金规则

第一条 职员工友经解职或自动退职者得依照本规则发给退职金

第二条 任职在二十年以上年老力衰之职员工友本公司认为不堪任事令其退职者由董事会酌视其以前劳绩按月发给薪工额十分之二至十分之五之退职金以至死亡之日为止

第三条 除前条情形外职员工友退职金规定如左于退职时一次发给之

（一）任职期在一年以上三年以内者发给薪工额二个月

（二）任职期在三年以上五年以内者发给薪工额三个月

（三）任职期在五年以上七年以内者发给薪工额四个月

（四）任职期在七年以上九年以内者发给薪工额五个月

（五）任职期在九年以上十一年以内者发给薪工额六个月

9-1

（六）任職期在十一年以上十三年以內者發給薪工額七個月

（七）任職期在十三年以上十五年以內者發給薪工額八個月

（八）任職期在十五年以上十七年以內者發給薪工額九個月

（九）任職期在十七年以上十九年以內者發給薪工額十個月

（十）任職期在十九年以上者發給薪工額十一個月

（十一）任職期在二十年以上而自請退職者發給薪工額一年以後每多一年加發薪工額一月

第四條　職員工友任職在十年以上而於公司有特殊勞績者因故自請退職特除照第二條發給退職金外由董事會酌視情形另議酬勞

第五條　職員工友以年齡未逾六十歲者為限經董事會特許者不在此例因本條之規定而退職者依第二條之規定發給退職金

第六條　本規則所稱任職期在本公司成立日（即廿四年二月一日）已在本公司服務者自該日起算其在該日後到職者各自到職之日起算

第七條　職員工友自請退職後再進本公司者其任職期自再進之日起算

第八條　職員工友經解職後再進本公司者其任職期自最初到職之日計算但解職時所應扣算者

第九條　因過失開除者不給退職金

第十條　本規則所稱薪工額依最後一個月之薪工額計算不包括加工資公費在內

第十一條　本規則自公佈之日施行

第十二條　本規則經董事會議決施行修改時亦同

重慶電力股份有限公司年金規則

第一條　職員工友在本公司繼續任職每滿六年而在六年中請假未逾請假規則所定之期限者於期滿時發給年金其數額依各人在該六年內所領薪工全額十二分之一定之

第二條　每六年中如某年請假逾請假規則所定之期限時該年即不得算入六年期限之內須俟以後補足六年方得發給

第三條　職員工友繼續任職未滿六年因年滿六十而退職或辭職或在職死亡者得照其在該繼續任職期內所領薪工額十二分之一發給之但第二條所定不得算入之時期仍應扣算

自請退職或因過失開除者不給

第四條　本規則所稱薪工額不包括公費獎勵金在內

第五條　本規則自三十一年七月一日起施行職員工友在三十一年七月

一日已在本公司服務者自該日起算在該日後到職者各月到職之日起算

第六條 職員工友自請退職後再進本公司者其任職期自再進之日起算

第七條 職員工友經解職後再進本公司者其解職前繼續任職時期仍照計算但第二條所定不得算入之時期亦仍應扣算

第八條 本規則經董事會議決施行修改時亦同

12

重慶電力股份有限公司非常時期職工撫卹規則

第一條　職員工友於空襲時間內或派往戰事地帶遇有因公傷亡者依本規則辦理之

第二條　職員工友因公死亡或受重傷不治死亡時除依職工卹金規則第二條辦理外並加給薪工額及津貼額二年由其合法繼承人具領

第三條　職員工友因受重傷治愈致成殘廢不能再操持工作者除依職工卹養規則第四條辦理外並加給八個月薪工額之恩勞金

第四條　凡受輕傷治愈後仍能操持工作者依章升級加資

第五條　職員工友因受重傷治愈致不能操持原有工作但仍能操持其他工作者除照職工卹養規則第三條辦理外加給二個月薪工額之恩勞金

第六條　因公死亡或因殘廢退職者除照本規則之規定撫卹外並得

照退職金規則及年金規則發給退職金及年金

第七條　本規則所稱薪工額及津貼額係最後一個月之薪工額及津貼額計算不包括公費加工工資在內

第八條　因公傷亡須由主管人證明因傷殘廢須由醫診斷陳德經理協理核定辦理之

第九條　本規則自公佈之日施行

第十條　本規則經董事會議決施行修改時亦同

13

重慶電力股份有限公司職工卹養規則

第一條　職員工友因執行職務而致死亡殘廢或病死者按照本規則之規定發給卹養金

第二條　職員工友直接因執行職務而致死亡者以左列各款之卹養金發給其合法之承继人

（一）二年薪工額之卹養金（二）喪葬費三百元

第三條　職員工友直接因執行職務者而成殘廢不能操持原有工作但仍能操持其他工作發給二個月薪工額之慰勞金

第四條　職員工友直接因執行職務而成殘廢不能再操持工作者發給五年薪工額之卹養金

第五條　任職在一年以上而在職病故者向其合法之承继人發給喪葬費一百元並給薪工額二個月之卹養金以後每多一年加給薪工額一個月之卹養金

但不得超過一年

第六條 因救護公司財產之重大危險而致死亡或永久殘廢者由

董事會酌量情形另議優卹辦法

第七條 本規則所稱薪工額依最後一個月之薪工額計算不包括公費（加工資）在內

第八條 本規則所稱任職期在本公司成立之日（即廿四年二月一日）已在本公

司服務者自該日起算在該日後到職者各自到職之日起算

第九條 職員工友自請退職後再進本公司者其任職期自再進之日起算

第十條 職員工友經解職（職）再進本公司者其任期自最初之日起算但解職時已領者應（扣）除

第十一條 職員工友因執行職務而致死亡或因殘廢退職或病死者除照本規則之

規定發給卹養金外並得照退職金規則及年金規則發給退職金及年金

第十二條 職員工友因執行職務而致死亡殘廢者須由主管人證明（因傷）死亡或殘廢程度

程度由醫（師）診斷書呈總經理協理核定辦理之

第十三條 本規則自公佈之日施行

第十四條 本規則經董事會議決施行修改時亦同

重庆电力股份有限公司医药待遇规则

第一条 本公司职员工友因公受伤或患病者依本规待遇之

第二条 职员工友除患花柳病或吸毒物及其他本公司医务室不能医治之病外得一律免费由本公司医师治疗但不论补剂补针重病须进医院治疗者概不供给住院费医药费

第三条 职员工友因公受伤本公司负担全部医药费用至全愈为止重伤者送医院治疗但须经本公司医师诊断许可其住院医药费概由公司供给

第四条 职员工友因公受伤未经本公司医师诊断许可而自愿往医院治疗者概不供给住院医药等费

第五条 职员工友因公受伤不愿由本公司医师治疗或送医院治疗自行觅医诊治者非事先经总经理协理核准概不供给医药费

14-2

第六條　職員工友因公受傷須住醫院者科長處主任工程師以上得住頭等病房工務員股主任領班得住二等病房其他職工概准住三等病房如受傷職工選住較高病房者除照規定供給醫藥住院費外不足由職工自理

第七條　職員工友因公受傷未經本公司醫師診斷需要必須休養而自願請養者以請事假論

第八條　職員工友因公受傷須有主管人之證明經總經理協理核准方得以因公受傷論

第十條　本規則自公佈之日施行

第十一條　本規則經董事會議決施行修改時亦同

14-1

第九條　職員工友因患重大病公司醫室不能治療而無力自行醫治者得向公司借支醫藥費用但須由醫師之證明經總經理協理核准借支金額不得超過照規則可得之退職金及年金病愈後復職後分六個月在薪工津貼內扣還

15

重庆电力股份有限公司职员薪俸规则

三十一年五月修订

第一条 本公司职员之薪俸依左列第一表定之

第一表

	级别	金额	
共三级 每级差五十元	一	800	00
	二	720	00
	三	700	00
共四级 每级差四十元	四	660	00
	五	620	00
	六	580	00
	七	540	00
共四级 每级差三十元	八	5[illegible]0	00
	九	480	00
	十	450	00
	十一	420	00
共八级 每级差二十元	十二	400	00
	十三	380	00
	十四	360	00
	十五	340	00
	十六	320	00
	十七	300	00
	十八	280	00
	十九	260	00
共八级 每级差十五元	二十	245	00
	二一	230	00
	二二	215	00
	二三	200	00
	二四	185	00
	二五	170	00
	二六	155	00
	二七	140	00
共七级 每级差十元	二八	130	00
	二九	120	00
	三十	110	00
	三一	100	00
	三二	90	00
	三三	80	00
	三四	70	00

151

共七級 每級差五元	三五	65	00
	三六	60	00
	三七	55	00
	三八	50	00
	三九	45	00
	四十	40	00
	四一	35	00
共三級 每級差[illegible]元	四二	30	00
	四三	26	00
	四四	22	00
共一級 每級差二元	四五	20	00

第八表

職別	級別	薪額
總經理	15—1	340—800
協理	16—2	320—750
總工程師	18—[illegible]	400—800
科長	26—6	155—580
主任工程師	23—7	200—540
工程師	29—9	140—480
主任	34—20	90—265
副工程師	31—11	100—320
工務員	36—23	60—200
科員	41—26	35—155
助理工務員	38—27	50—100
學習工務員		50
工務練習生	42—33	30—80
見習生	45—42	20—30

學習工務員起支額五十元學習期滿即照工務員薪級起支

重慶電力股份有限公司非常時期發給職工酬勞金奬勵金退職金卹養金年金辦法

第一條　非常時期職員工友酬勞金奬勵金退職金卹養金年金除依各該規則辦理外并照本辦法發給之

第二條　各規則所稱之薪工額原薪工及附加薪工均一併計算

第三條　奬懲規則第二條之年終奬勵金加給一月津貼額之半數

第四條　請假規則第十四條之奬金每得一日薪工額之奬金加給一日津貼額

第五條　職員工友經本公司解職者每得一個月薪工額之退職金加給一月薪津額之半數自動退職或因殘廢退職或死亡者退職金概祇以薪工額計算

第六條　卹養規則第二條與第四條之卹養金得連津貼額一併計算所八

17-1

規則第五條之膳食金每得一月之薪…加給每月津貼額…
第七條　部膳食規則第二條與第五條之喪葬費以職時經濟研究所…
重慶物價指數為標準（表指數一百）指數每增加百分之…增加十分之一
第八條　除本辦法特別規定者外餘均照各規則發給
第九條　發給年金辦法另行規定
第十條　本辦法所稱津貼額以最後一個月之津貼額計算包括一般津貼
第十一條　米貼種種
第十二條　本辦法經董事會議決施行修改時亦同

18

重慶電力公司職員任免規則

第一條　本公司職員之任免除本公司組織規程另有規定外依照本規則辦理

第二條　本公司工務人員以具有左列資格之一者充任之

一、國內外大學校電機系或機械系畢業者

二、曾在電力廠機器廠擔任技術工作服務在五年以上者

三、高等工業學校畢業者

第三條　本公司非工務人員以具有左列資格之一者充任之

一、國內外大學或高中學校畢業者

二、曾在事業機關服務三年以上而有一科專門經驗者

第四條　本公司全體職員除總工程師由總經理聘任函董事會備案

外其餘概由總經理任免之

第五條 各科室廠處之職員得由各該科室廠處之主管陳請總經理任免之

第六條 職員之任用分左列三種

一、聘任 聘任總工程師時用之

二、遴派 任用各科長各室廠處主任及主任工程師時用之

三、委派 任用聘任遴派以外各職員時用之

第七條 職員之免職分左列五種

一、辭職 自請辭去職務者

二、停職留資 因疾病或其他不得已之事故而停止職務保留資格者

18-1

三、裁遣　因裁併或緊縮而裁遣者

四、辭職　依本公司職工獎懲規則之規定辭除職務者

五、開除　依本公司職工獎懲規則之規定開除職務者

第八條　停職留資之期限視其疾病或事故之輕重與年資之深淺成績之優劣定之至多以一年為限

停職留資之職工在核定期間以内得隨時申請准回公司服務逾期以辭職論

第九條　本規則經董事會議決施行

18-2

重慶電力公司職工服務規則

第一條　本公司職工服務公司應忠勤遵守對於本公司一切章程規則應恪守勿渝

第二條　職工除公司規定休假日外應依公司辦事時間逐日準時辦公不得遲到早退其指定值班者并應遵照指定之時間到值時應在考績簿上親筆簽到

第三條　職工經辦事務應隨時趕辦不得積壓如須當日辦畢者并應延長時間辦理之

第四條　外勤職工經辦事務隨時由主管依照事實限定時間交飭辦理逐日考核並按月填報總經理

第五條　職工在辦事時間內非經主管之允准或請假不得擅離職守

第六條　職工如有意見應披誠陳述以供採擇并應服從上級職員之指導

第七條　職工對於用戶應謙和誠懇不得增損對於用戶委辦事件尤應周密敏捷

第八條　職工對於公司之一切器材設備及材料燃料日用消耗品等應刻意愛惜撙節不得損傷浪費

第九條　職工無論故意或過失致公司受損害時除照職工獎懲規則辦理外並應負賠償之責

第十條　職工對於用戶不得有職務以外之行爲或舞弊營私情事

第十一條　職工不得兼任公司以外職務但經總經理核准者不在此限

18-3

第十二條　職工不得任意告退如因不得已之事故必須辭職時應候經總經理之核准

第十三條　職工調職時應退出接替不得藉故推諉其應行交代人員亦不得藉故遲延

第十四條　本規則經董事會議決施行

18

調字第　　號

調配技術人員介紹表

姓名		年齡		籍貫		性別	
家庭出身		本人成份		黨派			
學歷				專長			
工作經歷							
現任職務						工薪	
鑑定							

適宜何種工作	本人志願	
	原屬機關意見	
	本部意見	
	決定分配何處	
備註	(1)此表兩張同時填寫　(2)屬於本人範圍由本人填寫 (3)鑑定與原屬機關意見由原機關填寫 (4)決定分配何處由分配機關填寫,留一張備查,另一張退回本部人事司技幹科備查。	

燃料工業部人事司製　　年　月　日　分配部門簽字

調配技術人員材料介紹表

姓名		年齡		籍貫		性別	
家庭出身		本人成份		健康狀況			
學歷				專長			
工作經歷							
現任職務					工薪		
鑑定							
適宜何種工作	本人志願						
	原屬機關意見						
	本部意見						
	決定分配何處						
備註	(1)此表兩張同時填寫 (2)屬於本人範圍由本人填寫 (3)鑑定與原屬機關意見由原機關填寫 (4)決定分配何處由分配機關填寫留一張備查另一張退回本部人事司技幹科備查。						

燃料工業部人事司製　　年　月　日　原屬部門簽字

重庆电力公司职员薪给规则

第一条　本公司职员薪给依左列二表定之

第一表

第二表

第二条　总经理协理之薪级由董事会议定　总工程师由总经理提请董事会议定　其他职员由总经理决定

第三条　职员有兼职者概不支薪

第四条　职员因奖励升级应加薪者依本公司职工奖惩及抚恤规则办理　原无薪而无级可加者以给奖金

第五条　职员月薪于每月十五日发给，如十五日为例假时，于前一日发给，在十五日以后到职者，于次月十五日补给。

第六条　职员到职退职时，其服务未满一个月者，按日计算。

第七条

32

重庆电力公司轮值规则

第一条　本公司为星期及其他假期便于应付各方接洽及处理临时发生之件，轮派人员值日。

第二条　值日起讫时间即平日办公时间。

第三条　轮值人员分总值日及值日两种。总值日一人由股主任担任，值日二人由科员以次人员担任。

第四条　工务、业务两科与各用户有直接关系，须各派一人轮值。

第五条　轮值人员由总务科科长商同各科科长先行遴选，排定轮值表，分陈总协理核查并通告

週知俾於前十日分別通知當值人員輪值表如有變更之必要時由總務科依前項手續辦理

第六條　星期及其他假期之當值人員按輪值表順推仍由人事股於前一日分別通知當值人員

第七條　應行當值人員如因疾病或不得已事故必須請假者於前一日陳經核准後即按輪值表順推假滿後仍須補值

第八條　每屆星期及其他假期由人事股將總值日及值日姓名懸牌揭示

80-1

第九条　轮值人员在当值时间内对于询问或请求之来人或电话应负答复或办理之责其重要事件由总值日报请有关科长或总协理核示办理

第十条　轮值人员遇有紧急文件应速送陈总协理核阅

第十一条　轮值人员遇空袭或火警应负集合在公司内之职工搬运重要文件或施救

第十二条　轮值人员在当值时间内不得擅离违者议处

第十三條 輪值人員如非在公司午膳其由公司供給午膳

第十四條 輪值人員應於當值時間終了時在日記簿登記日期天氣事項及職別姓名並蓋章於次日上午送請總務科長轉陳總協理核閱

第十五條 當值時間內由庶務股輪派工友二人供輪值人員差遣

第十六條 輪值職工每人每日酌給津貼其金額由總經理核定

第十七條 本規則自總經理核准公布之日施行

31

重庆电力公司职工医药费支给规则

第一条 本公司职工因公受伤或患病并依本规则支给医药费。但患花柳病或服毒物及非本公司医务室所能治疗之病不在适用之列。

第二条 职工因公受伤或患病须经本公司医师诊断书经主管人证明陈由总协理核准就医治，其医药费由本公司医师免费治疗。

第三条 职工因公受伤者由本公司支给全部医药费用。伤者如须送医院治疗，由本公司医师诊断许可其住院，医药费由本公司全部支付。

第四条 职工因公受伤不能由本公司医师治疗或送医院

如自行覓醫治療者，如係經協理核准，概可支
給醫藥費。
第五條 職工因公受傷送往醫院者，其醫藥費全由本廠
主任、股長、工程師以上得住頭等病房，工務員及股長
領班得住二等病房，其他職工概住三等病房，如
願住較高之病房，其較高部分所需費用由本人
自給。
第六條 職工患病，經本公司醫師診斷，認為須治療而無力自行醫
治者，得陳由主管人核轉經協理核准借支醫藥費，
其金額不得超過該職工一個月薪工，歸還時分六個
月扣還。

32

重慶電力公司職工用電優待辦法

一　本公司職工住屋或租賃之房屋在用電時，依本辦法優待電費，其寄住公司宿舍者，職工不適用之。

二　職工用電每月應付電費，職員以九度計算，技工見習以六度計算，小工與役以三度計算。

六　職工用電，以電燈為限，不得使用電炉、電扇，違者一經查覺，即予取消優待。

四　職工用電，以本人住處為限，不得將電接

与他人使用违者一经查觉即予停职、

五 职工用电以本人所住一处为限，其眷属分居他处者不予优待、

三 职工用电以所自产或租赁房屋居住为限其寄住公司宿舍者不予优待

七 本公司职员总经理核定配给职工用电度以底度六度三度以内由本公司供给超过度数照定价收费之如此即行废止

重庆电力煤厂组织规程

第一条 重庆电力公司电力煤厂（以下简称本厂）专办本公司煤矿，直隶属于重庆电力公司，并依照理事会之督导。

第二条 本厂由电力公司划拨矿区并拨付国币若干万元为基金，以重庆电力公司董事会……全由本公司总经理监理事务之，总经理之权限由本公司……其任期……

第三条 本厂设经理一人，由总经理遴选……受重庆电力公司总经理之指挥，经理其事务……办理一切事务，设副理襄理协助之。

第四条 本厂设工程师一人，秉承经理处理工程事务。

第五条 本厂设左列各股：

总务股 矿务股 营运股 会计股 驻城办事处

第四条 本厂设经理副理各一人，由总经理……遴选……秉承经理……之命……本厂一切事务……副理协助之。

74

二 關于產煤之保安設施及將廢事項

三 關于工程師計劃預算事項

四 關于礦工之督導分配及管理事項

五 其他關于礦務事項

第八條 營業股職掌如左

一 關于車船之接洽調度及煤棧之分配事項

二 關于新設備運煤所之將來及保管事項

四 關于職工之分配轉移及管理事項

三 關于運銷費用之支付結算事項

五 其他關于運輸營業事項

第九條 會計股職掌如左

一 关于账务之设计登记及处理事项

二 关于成本计算事项

三 关于现金之出纳及单据之保管事项

四 关于预算书之编制审核事项

~~五 关于统计事项~~

五 其他关于会计统计事项

第十条 营业处之职掌如左

一 关于售电煤价之收汇事项

二 关于账户欠款之清结事项

三 关于转账事项

34-1

四、关于公司临时事务之办理，经理核准办理之

第十一条　本厂各股设股长一人，由经理遴选提请核准，秉承经理办理各该股事务

~~第十二条　本厂设主任一人，秉承经理办理事务~~

第十二条　本厂各股视事务繁简，酌设办事员、助理员若干人，由经理提请总理委任之

干人由经理派充或互调之

第　条　本厂办事细则另订

第　条　本规程经总经理提请本公司董事会大会议决施行

37

重庆电力公司职员薪金规则

第一条 本公司各级职员之薪金级数依左列之表定之、

第一表

第二表

（照原表抄）

第二条 总经理协理之薪金由董事会议定、总工程师由总经理提请董事会议定、其他职员由总经理决定、

第三条 职员有兼职者、不得兼薪、

第四条 职员因奖励或抚恤应予加薪者、

依本公司職工獎勵規則及撫卹規則之規定辦理、

第五條　職員薪金於每月十五日發給，如十五日為例假期，於前一日發給，在十五日以後到職者，於次月十五日補給、

第六條　職員到職退職其服務未滿一個月者，按日計薪、

第七條　本規則經董事會決議施行

40

重庆电力公司职工保证规则

第一条　本公司职工除左列者外，均须有保证人保证其在服务期间恪守本规则，绝无违法舞弊以及亏挪款项致损公司信誉利益情事：

一　总经理、
二　协理、
三　总工程师、
四　秘书、正副科长及各室处厂正副主任、
五　总经理、协理特许者、

第二条　本公司保证分为定额及不定额二种，本公司主管人視被保人職務之性質，於保證書內記載相當金額，由保證人負金額內保證之責任，其為定額保證；保證書不記載金額，由保證人負無限責任，其為不定額保證。保證書式另定。

前項主管人，在各科為科長，在各處廠為主任，以下仿此。

第三條　負銀錢責任之職工，須用不定額保證，其餘職工用定額保證。

第四條　職工更調職務，如主管人認為應改用不定

41

額保證或增加保額時，該職工應於更調前商得原保證人同意，或另覓保證人，更換保證書。

第五条　保證人以有商業上之信用及居住重慶市区內者為限，並須先經總協理認可，對於特種職工，得指定必以殷實商號為保證人。

第六条　每一保證人不得同時保證本公司職工三人以上。

第七条　各級職工不得為其他職工之保證人，對於不傳送銀錢票據之工友，得允許本公司其他職工三人為其聯帶保證人，但一人不得保證二人以上，並不得相互保證。

「民法第七百四十五条保证人于债权人未就主债务人之财产强制执行而无效果前对于债权人得拒绝清偿」

第八条　保证人应亲自填写本公司所备之保证书，加盖姓名印章，其以商号作保者，应由其经理人亲自填写保证书，加盖姓名印章及该号重要印章。

第九条　保证人应于保证书内声明自愿放弃民法第七百四十五条规定之先诉抗辩权。

第十条　保证书经本公司派员查明相符，由保证人复盖原式印章，或并由被保人依印花税法规定粘贴印花，始发生效力。

第十一条　被保人之更换职务或服务所在地时，保证人

42

不变更保证责任。

第十二条 保证书成立后，本公司如发现保证人有不适当情事，得随时通知被保人更换之。

第十三条 保证书成立后，每届满一年，应复查一次，由本公司函知保证人限期函复声明照旧负责，并盖原式印章，以资证明，或由本公司派员持书赴保证人住所复查，应由保证人在原书内加盖原式印章。

第十四条 保证人如不愿继续负责，得随时向本公司声明，退保，但以盖有原式印章之书面为限。

第十五条　保証人声明退保後十五日内仍負保証責任、保証人退保或被保人退職均於六個月後經本公司審查認為無未了事件時始退還保証書、解除保証責任、

第十六条　被保人應於保証人声明退保後十五日内另覓保証人、逾期尚未覓妥、即予暫停職候覓妥後再行復職、

第十七条　保証人原用印章遺失或作廢時在未正式以書面向本公司声明前、原保証書仍認為有效、

43

第十八条 保证人如死亡远去或丧失保证能力时，被保人应即报告并另觅保证人。保证人职业住址有变更时，被保人亦应报告备查。否则一经察觉，即对该职工予以停职查办处分。

第十九条 本规则经董事会议决施行。

44

重慶電力公司職員交代規則

第一条 本公司職員如有更迭無論是否為一部份主管人均應依本規則办理交代事宜

第二条 移交人應繕造交代清册同式二份會同接收人憑册逐件点交双方盖章

第三条 交代清册内應詳載左列事項

一、經手款項

二、經管物品

三、經办案件

四、办公用具

五、其他

第四条　移交人对于经手款項或经管物品應自接办日起至移交日止明收支及结存数详细開列一面明所存款項或物品交付接收人如係一部份主管人移交并應注明经办人或经管人姓名由该经办人或经管人加盖私章

第五条　移交人经办案件應明未结之案逐件開列事由说明经过及現狀一面明待办各件交付接收人如係一部份主管人移交并應注明经办人姓名由该经办人加盖私章

第六条　移交人对于所領桌椅文具及印章圖記等办公用具應逐項開列其名称式樣及数量一面点交接收人

45

第七条　本规则第三条第一款至第四款以外事项应开列于其他项内如系一部份主管人移交并应将其所属职员开列姓名职衔及任务

第八条　接收人会同移交人凭交代清册点收之件应即分别存转其移交部份如系撤销由总经理派员接收时接收人应将点收之件分别转交各主管部份

第九条　接收人应将接收情形连同移交清册陈经直接部份主管人查核盖章转陈总协理如主管人查核不符得令重办

第十条　总协理核阅交代清册后批交总务科如总协理认为

有疑义时得批交有关部份复核

第十一条　有关部份接奉批交之文代清册后应即核对有关案件加盖印章签复如有不符得签复饬令重办

第十二条　总务科接奉批交之文代清册后即以一份备查一份发交核交人并通知接收人及直接部份主管人

第十三条　本规则经董事会决议公布施行变更时亦同

46

重慶電力股份有限公司職員交代規則

第一條 職務之交代悉依本規則辦理。本公司職員如有遷調，無論是否主管人均應辦理交代事宜。

第二條 個人職務之接替交代稱個人交代，股處科及委員會主管人職務之接替交代稱部份交代。[illegible]

第三條 交代之雙方原經手人稱移交人，新接替人稱接收人，如係撤消，本個人或股部以個人或股部主管為移交人，主管所派清查人員為接收人。科廠處或委員會以科長主任或主任委員為移交人，總經理指派人員為接收人。

第四條 移交人應即繕造交代清冊二份，會同接收人憑冊逐件點收，雙方蓋章。

第五條 個人或股長之交代應繕造交代清冊四份，以一份呈報總經理批交總務科備查，一份呈報主管存查，一份移交人存查，一份接收人存查。

第六條 科長主任或主任委員之交代應繕造交代清冊三份，以一份呈報總經理批交總務科備查，一份移交人存查，一份接收人存查。

第七條 移交人及接收人存查之交代清冊應經直接主管簽蓋。

第三條 交代清冊內應詳載左列各事項：

一、印章圖記

經手款項

（4）

第四条 移交人对于经手款项或经管物品应自接办之日起至移交之日止收支及储存数目详细开列一面将所存款或物品交……人

二、经管物品（件）

三、经办事务（案件）

四、应办公务用具

五、其他

第九条 印章图记包括公务上所用之一切有效印记及失效未毁存之印记应逐颗列明形象字体加印样式并注明其用途

第七条 本规则第一条第四款以外事项应开列于其他项内如系一部全案包括该部所有附属职员应逐名开列其姓名职衔及职务但不关系者可不列。

第六条 移交人对于所领用一切物品及印章图记等办公用具文具应逐项开列

……管人并应注明或由经办人签名由该经办人加盖私章

一、西北……接收人

其……人……

一面呈交接收人

每件一部份交出人

其名称式样数量及新旧部份交代者、并应注明领

用人姓名由领用人附章证明、加盖私章

移交人将案件应将未结之案、

第五条 经办案件包括已办在存各案、本视其繁简间逐卷

应列明件数逐件开列说明其内容部份交代者

列举由经过及现状一面将待办

件交付接收人如系一部份应由主要人签证

并应证明经办人或主管人姓名由经办人或经办人签章

附章证明、加盖私章

第十三条 其他公务包括正在办理及尚未清结各案、应逐件开

列说明其内容、经管材料或属于款项者、除现款外并应详列账

目表报部份交代者、并应注明主办人姓名、由主办人

附章证明

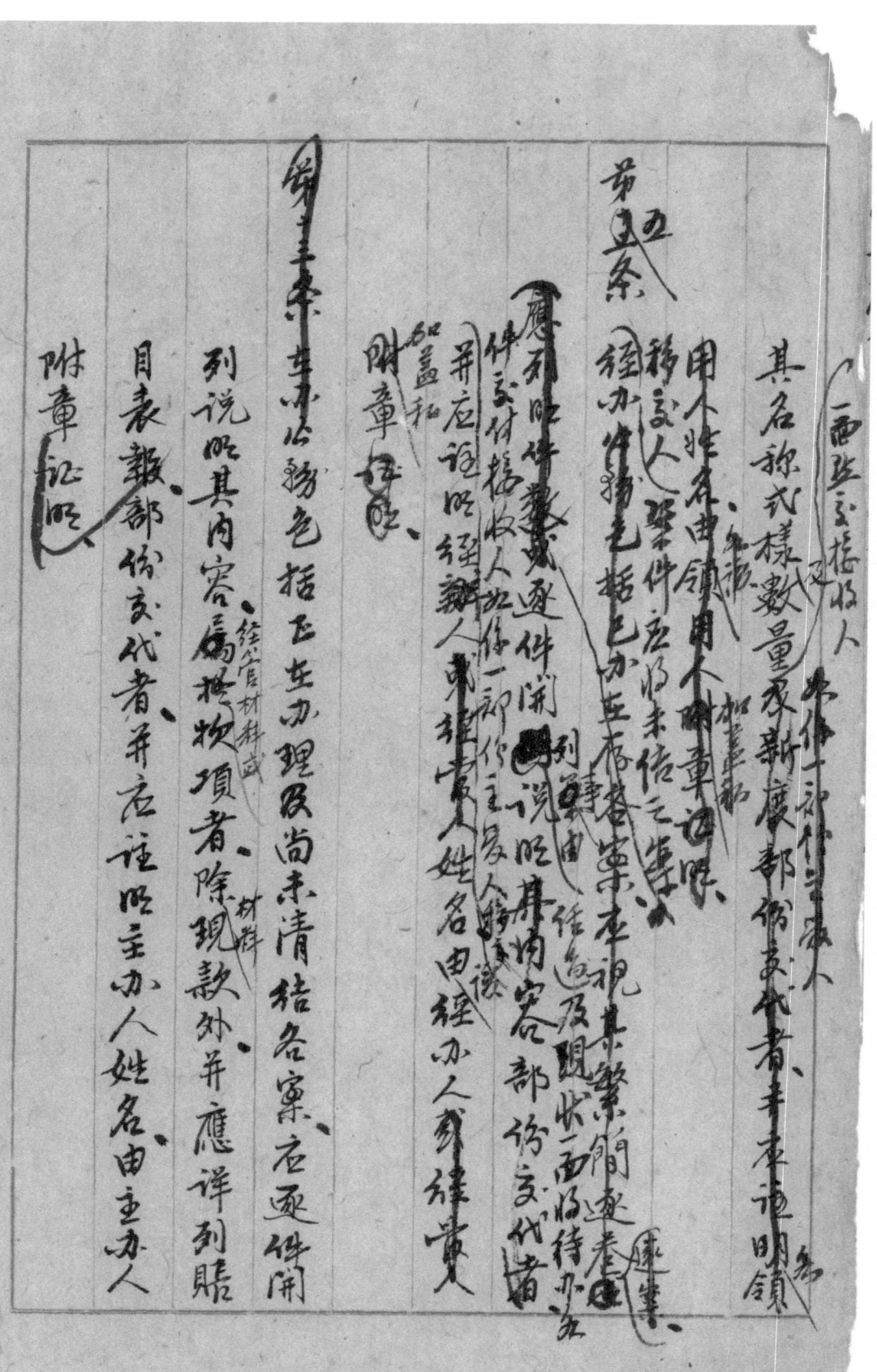

第八条 接收
人会同移交
人逐项代清
册收之件
应即分别
存转其移
交部份存
撤销由总
经理派员
接收时接
收人应同路
点收之件移
别转交各
主管部份

468

第七条 凡有不在上列诸项之事务、应一一详列其他项内、部份
交代者、并应注明经办人或经管人姓名、由经办人或
经管人附章证明、
全体移交人……
第九条 移交人与接收人依交代清册点收具交代清册呈报
主管人核查无误予以签盖分别呈报
第十条 查不符、令重办、
交代清册呈总经理、总经理得批交
有关部份核对无误后……
第十一条 有关部份接奉总经理批交之交代清册

須在印前核對有關案件加蓋印章簽復為。

有關部份核對有不符時，得飭令重办。（簽復總經理）

第十二條　交代清楚經總務科核明後，總務科將交之交代清冊用印收回，以一份存總務科備查，以一份發給移交人、接收人，並通知及直接部份主管人。

第廿條　移交人、接收人於接辦總務科交代清楚具單（通知）交代手續始稱清楚。

第廿一條　如係撤消，接收人應於接辦總務科交代清楚具單（通知）、如單，此時全案文卷呈交主管查收時，物品文具呈交主管轉庶務股查收，部份交代者，得將全案文卷請總務科查收歸檔。

47

第十三条　本规则经常务会议决议后即施行、变更时亦同、

職工服務規則 已公布

職員任免規則 已公布

職員保証規則 已呈閱

職員請假規則 已批 已呈閱

公務交代條例 已呈閱

工友保証規則 已呈閱

~~工友僱傭規則 取~~ 工人雇用規則 已批 已呈閱

~~契約雇用條例 已撤~~ 招收學徒辦法 已批 已呈閱 附學徒契約

工友請假規則 已呈閱

職員獎懲規則 已呈閱

工友獎懲規則（原有已修改呈閱）

工資法規

發放工資辦法（原有）

職員值班加班規則

工友值班加班規則

工友領用工具規則

廠房規則

外勤工作規則

獎金領給[redacted]辦法

發放薪金辦法

重庆电力公司职工请假规则

第一条 本公司职工请假除经理协理以书面向董事会办理外悉依本规则办理

第二条 核准请假权如左

一 经理协理请假应将事由日数及代理人以书面函达董事会备

核准

二 总工程师请假由总经理核准函达董事会备案

三 秘书正副科长正副主任各室厂主任请假由总经理核准其余职工请假在一日以内者由主管人核准二日以上者由主管人转总经理核准

第三条　請假訂限如左

一　事假　臨時發生事故必須請假時得請事假每年積計不得超過二十日其已用以後到職者不得超過十日超過限期者按日扣除薪津再超過一個月者停職

二　病假　凡因疾病請假者每年積計不得超過三十日其已用以後到職者不得超過十五日超過限得以事假所餘日數作抵再超過一個月者給薪津半數共超過二個月者按日照扣薪津超過三個月者停職但因公受傷並經特准者不在此限其因花柳病鬭毆致傷或戒除毒物請病假以事假論

三　婚喪假　父母喪不得超過十五日祖父母喪及結婚不得超過十日但得按其往來路程請求加給日數超過限期者按日照扣薪津再超過一個月者停職

薪饷津贴按每个月金额计算不足之核给之

第四条 职工请假应依式填具请假单，叙明事由、起讫日时（即）间及代理人姓名，由本人及其代理人签名或盖章，或送人事股签
请本单请假核计日数再行送核准假后即送人事股登记
登记续假出（内）须亲自出假单

前项代理人以其职务性质相同之同人为原则，主管人认为必要时得迳行派人代理

第七条 职员因急事或重病不能亲到请假，其请假单由亲友或医生代为请假

第六条 请病假者应经本公司指定之医师出具证明书连同请假单送核续假时亦同

第五条 假期内之星期日及其他例假日免予计算，其在星期日或其他例假

53

日算得值日（不以加工计算）共得照其值日时间减少因病期告退照应扣薪俸

第八条　停职届满不能到职者应声叙理由续假续假期与请假同

第九条　凡未经请假或请假未经核准擅离职守或假期已满并未请续假或未到职者以旷职论旷职五日以内并按日照扣薪俸逾五日者停职

第十条

重庆电力公司职工抚恤规则

第一条 本公司职工因公伤亡时依本规则之规定由抚恤

第二条 职工在服务场所或因公出差遭遇意外事变以致死亡者

除给予二年至三年薪工数之一次抚恤金并酌给丧葬费

第三条 职工在服务场所或因公出差遭遇意外事变以致受伤残

废或心神丧失不能服务者得视其情节给予一年至二

年薪工数之一次抚恤金并按本公司职工退职规则第

二条及第四条之规定发给退职金

第四条 职工在服务场所或被派出差遭遇意外事变

受伤未至心神丧失或残废者得视其情节给予六个月至

一年薪工数之一次抚恤金并得酌加医药费

第五条 职工在服务期内或被派出差途中遭遇意外受其重伤未达残废程度者，得视其情形给予二个月至六个月薪工之一次抚恤金，并得酌予医药费或加薪。

第七条 职工服务一年以上在职病故者，除给予丧葬费外，另给二个月薪工之一次抚恤金，服务每多一年加给薪工一个月，但不得超过薪工一年。服务满[illegible]年者依照本公司职工退职规则第五、第七两条之规定计算。

前项病故职工丧葬得酌给丧葬费[illegible]。

第六条 职工冒重大危险拯救公司财产以致死亡或受伤者，得由董事会从优议恤。

第八條　職工死亡無遺族或遺族距離不及趕到者由本公司代為殮埋不另給喪葬費

第九條　職工死亡其家領撫卹金之遺族以配偶子女父母為限

第十條　本規則第二條至第六條所稱傷亡之事實須由主管人證明或遺屬提出醫師診斷書陳由總經理核定

第十一條　本規則所稱薪工係以該職工最後一個月實得薪工數目為限

第十二條

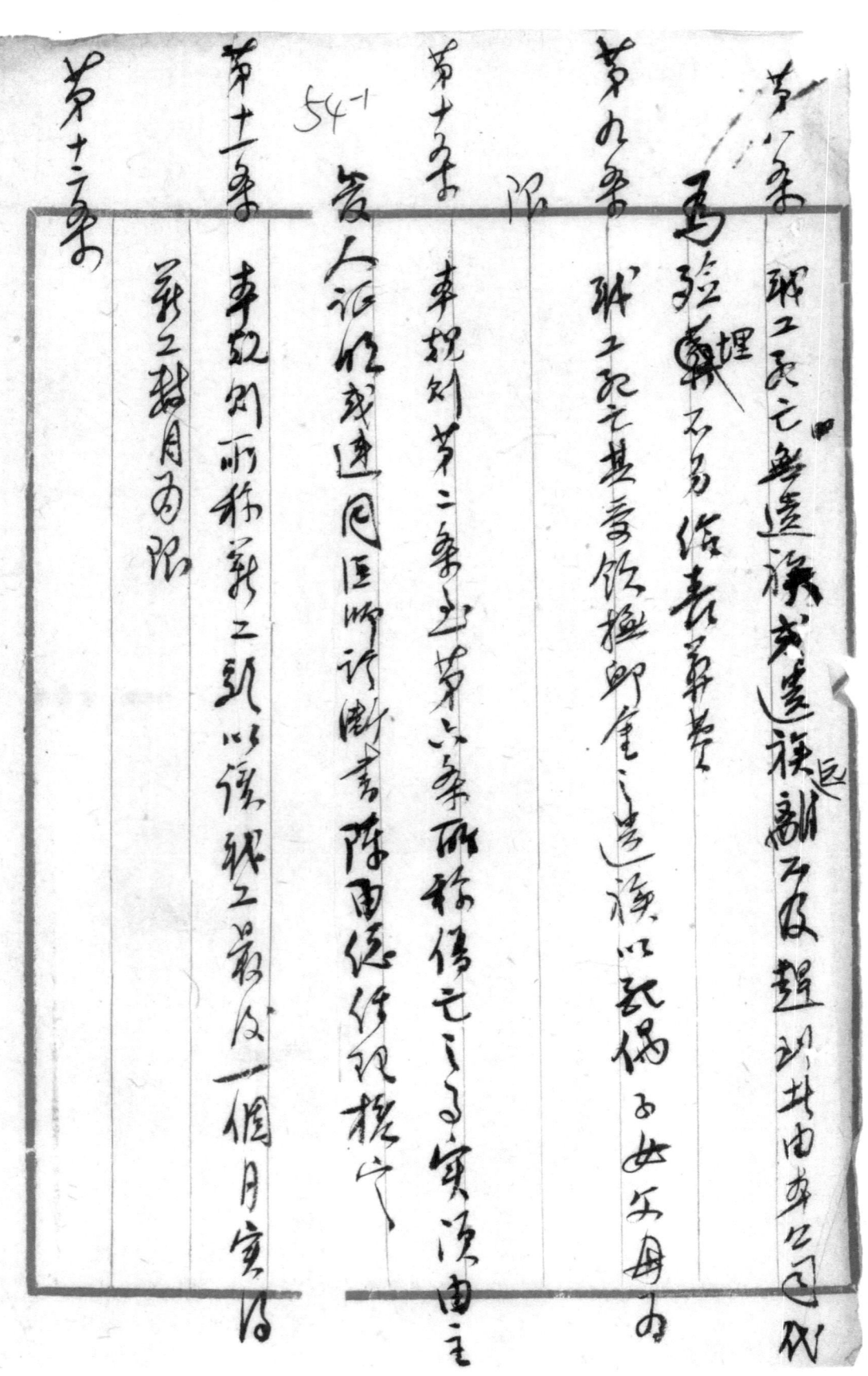

55

重慶電力公司職工退職規則

第一條 本公司職工等因其年老力衰而自請退職者得依本規則發給退職金但任職不滿一年或因過失開除者不適用之

第二條 職工退職金於退職時一次發給其標準如左

一 任職一年以上不滿三年者發薪給一個月

二	三	五	二
三	五	七	三
四	七	九	四
五	九	十一	五
六	十一	十三	六
七	十三	十五	七
八	十五	十七	八
九	十七	十九	九

十九

重庆电力公司职工奖惩规则

第一条　本公司各级职工之奖惩除别有规定外均依本规则办理

第二条　总经理协理之奖惩由董事会议定总工程师由总经理提交核转

董事会设定秘书长副秘书长主任由总经理核定其他职工由

各该主管人核转总经理核定

第三条　奖励分左列三种

一　嘉奖　二　记功　三　奖金　四　加薪

第六条　惩罚分左列四种　一　申斥　二　记过　三　罚金　四　开除

第五条　一　嘉奖三次作记功一次论　记功三次并给奖金　申斥二次以记过

论　记过二次并　罚金　记大过　功过并相抵销

第四条　嘉奖二次以记功一次论两经记功或给奖金二次者如再

应以记功或奖金奖励时得酌为加薪

第五条 加薪于年终考绩时行之，甲等加三级，乙等加二级，丙等加一级

第七条 告诫二次以记过一次论

第六条 曾经记功或奖金二次者如再应予记功或奖金时得酌为加薪随时

第八条 曾经记过或罚金二次者如再应予记过或罚金时得逕予开除

第九条 因一人之功过得

第十条 接续互相扶助

重庆电力公司职工保证规则

第一条 本公司职工除左列者外均须有保证人保证其任职期间之忠实，绝无违背章则及舞弊损害公司利益等情事

一 总经理 二 协理 三 总工程师 四 秘书及正副处长、正副科长、厂长、主任 五 总经理协理特许者

第二条 保证分为定款及不定款二种，视被保证人职务之性质于保证书内记载相当金额，由保证人负全额内保证之责任，其为不定额保证，保证书不记载金额，由保证人负无限责任，其为不定额保证保证书或

第三条 前项之各处各科科长、各处室主任以下职员负保证之责任，职工须用不定额保证，其保职工用定款

保证

第四条 职工更调职务由主管人认为应改用不定额保证或应增加原定保证款时，该职工应于更调前得原保证人同意或另觅保证人

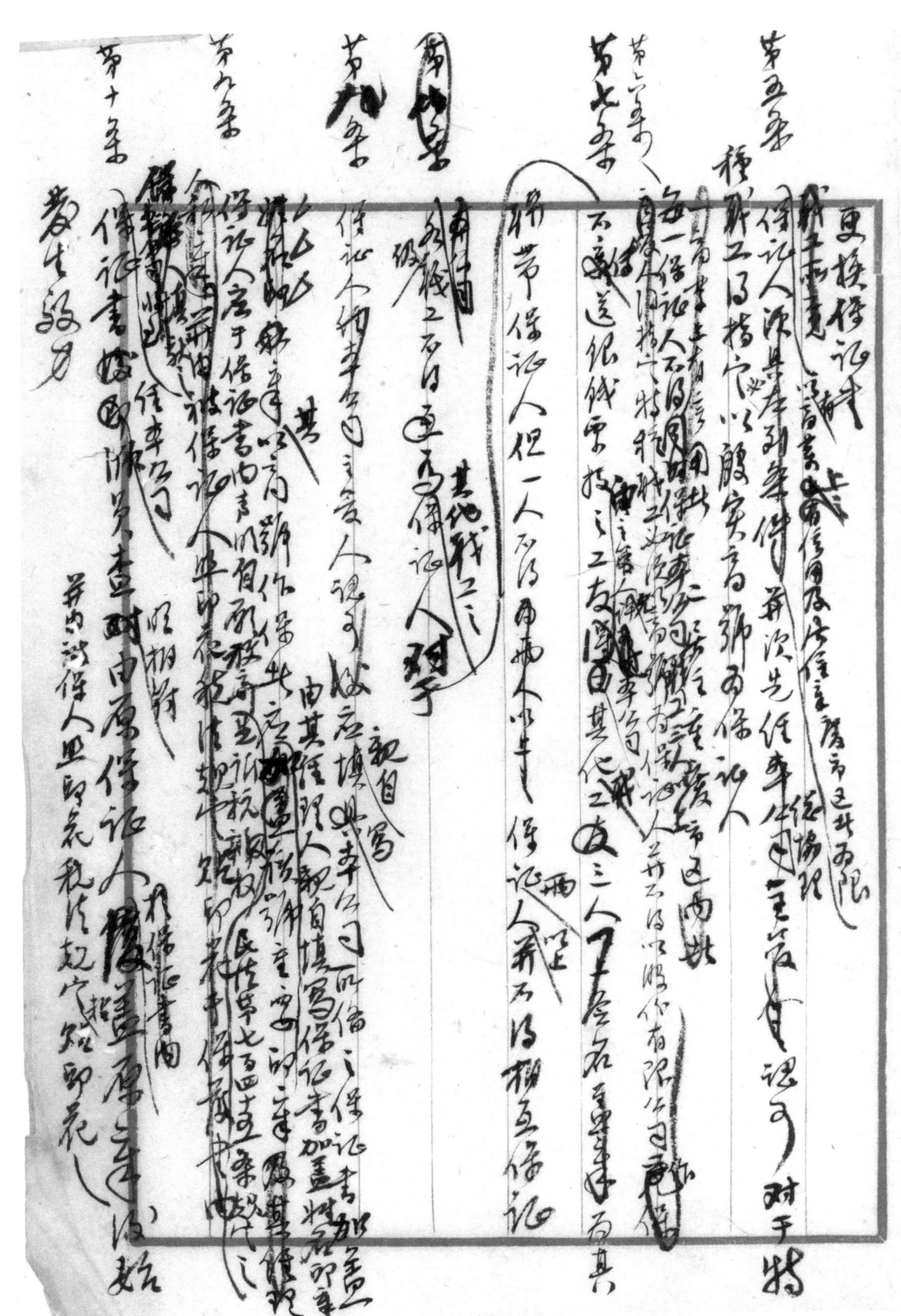

第五条 更换保证书……保证人须其本行号……并须先经本会……对于特种职工得指定以殷实商号为保证人

第六条 每一保证人不得同时保证……

第七条 不论送银钱要职之工友……由其他工友三人……

第八条 保证人但一人不得同时为两人以上之保证人，并不得相互保证

第九条 ……级职工之保证由其他职工二人为保证人

第九条 保证人须本人亲自填写……应由其保证人亲自填写保证书……

第十条 保证人应于保证书内声明自愿放弃……先诉抗辩权……

第十条 保证书由原保证人……

发生效力

57-1

第十一条 被保人变更职务或服务所在地时保证人不变更保证责任

第十二条 保证书除每届满一年由本公司查一次由本公司函知原保证人限期函复声明照旧负责并盖原式印章以资证明或由本公司派员持书亲赴保证人所洽商应由保证人在原书内加盖原式印章

第十三条 保证书除呈缴本公司外如发现保证人有不适当情形随时通知被保人更换之

第十四条 保证人如不愿继续负责时得向本公司声明退保但以盖有原式印章之书面为限

第十五条 保证人声明退保后十五日内仍负保证之责退保之后保证人及被保人签证无未了事件一概解除保证责任

自从本公司营业查账内而发现舞弊事情时，发现违反保证书

第十六条 被保人应于保证人声明退保后十五日内另行觅保，倘逾期尚未觅妥，即予暂时停职，俟觅妥后复职。

第十七条 保证书遗失或作废时，应立即以书面向本公司声明前保证书作为无效。

第十八条 保证人如死亡、远去或失其保证能力时，被保人应即报告并另行觅保。保证人职业、住址有变更时，被保人应报告备查。否则一经查觉，即对被保人予以停职查办。

第十九条 本规则经董事会议决施行。

61

重庆电力公司职工医药费支给办法

一 本公司职工因公受伤或患病之医药费依本办法办理之

但患花柳病或吸毒物及非……所需

本公司医务室所能治疗之病不适用之

二 职工因公受伤或患病经主管人证明属实

本公司医师诊断书陈由总协理核准后由

由本公司医务室免费治疗者

三 职工因公受伤甚重须经本公司医师诊断

认为须送医院治疗其住院医药费

仍由公司全部支给全部实时支给之

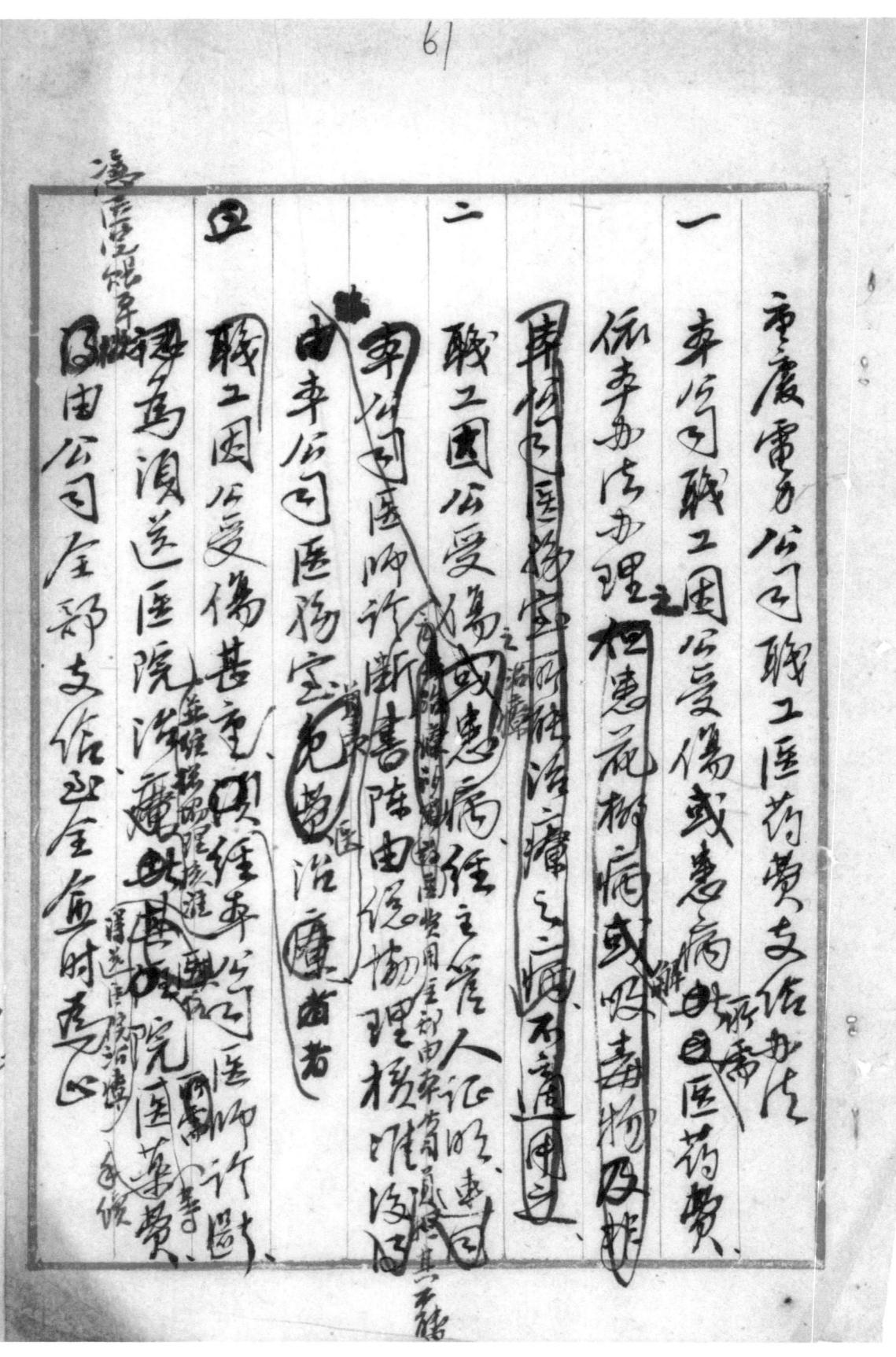

三 四

職工因公受傷、不願由本公司醫務室或送[illegible]醫院治療、而自行覓醫者，非事先陳經主管人陳由總協理核准，概不支給醫藥費。

七 五

職工因公受傷送醫院治療者，外科室處股主管人及工程師以上得住頭等病房，股主任主務員領班得住二等病房，其他職工概住三等病房，如願住較高病房者，其較高部分所需費用由本人自付。[illegible]

四 六

職工患病經公司醫師認[illegible]治療[illegible]而無力自行覓醫者，得由主管人陳總協理[illegible]

[illegible]

(六)職工因公受傷，核准借支醫藥費，其借支金額不得超過該職工一個月薪工津貼總額，以便分六個月扣還。

(五)職工患病，經本公司醫師診斷認為必須……[illegible]……由本公司醫務……醫治療者，藥費由公司負擔，若自行覓醫者，得由負責人轉請協理核准。

除[illegible]應送醫院[illegible]本公司[illegible]

八七　本辦法經董事會議決施行。

(四)職工患病不願由本公司醫務包醫治或往准而不願送醫院治療而自行覓醫之治，若概不津貼醫藥費。

補加

重庆电力股份有限公司组织规程草案（一九四二年十月二十日） 0219-2-103

22

重慶電力股份有限公司組織規程草案

中華民國三十一年十月二十日
第七十次董事會議通過

發文電字第6760號

第一章 總則

第一條 本公司依章程之規定設總公司於重慶總攬公司事務

第二條 本公司由總經理商同董事長常務董事處理一切事務協理協助之

第三條 本公司設總工程師秉承總協理負責處理工程事務

第四條 本公司設第一廠於大溪溝第二廠於南岸第三廠於鵝公岩並於南岸江北沙坪壩各設辦事處

前項機構之增減移併視業務之繁簡與事實之需要由總經理提請董事會議決行之

第五條 各廠各處直隸於總公司

第二章 總公司

第六條　本公司設左列各室科會
總工程師室　總務科　工務科　業務科
會計科　稽核科　購料委員會
第七條　本公司組織系統如左表
（另表）
第八條　總工程師室之職掌如左
一　關於各科廠處有關工程之指示監督改進及審核事項
二　關於擴充工程之設計估價及工程進行期間之監督考核事項
三　關於配購材料之擬議及籌劃事項
四　關於工程設備兼價之估計及審查事項
五　關於工程業務契約之審核事項

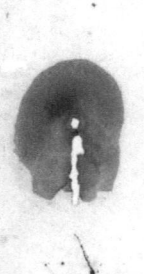

收23

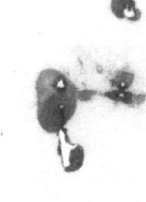

六、關於工程人員之指揮考核事項

七、其他關於工程事項

第九條　總工程師室得設主任工程師協助總工程師處理工程一切事務並得設工程師工務員必要時得由總工程師臨時指調各科[illegible]事項

第十條　總務科之職掌如左

一、關於文書之收發撰擬及保管事項

二、關於印信之保管事項

三、關於職員之進退升調考績之登記造報及其他有關人事之事項

四、關於總務材料物品之購置收發保管及登記事項

五、關於薪工之發放事項

六、關於一切庶務及不屬於其他各科事項

第十八條 工務科之職掌如左

一 關於各廠各處有關工程之指示改進審核及報告事項

二 關於輸電綫路配電設備之查勘設計估價及施工事項

三 關於綫路之管理檢查整理及修理事項

四 關於变壓器及配電設備之管理檢查及修理事項

六 關於出租電器設備之管理檢查及修理事項

七 關於機務電務工料帳之分配事項

八 關於發電統計及成本計算事項

九 關於燃料水質之化驗事項

十 關於所屬職工之管理及編造工帳事項

十一 其他關於工務事項

第十二條 業務科之職掌如左

一 關於各辦事處有關業務之指示改進審核及報告事項

二 關於業務之接洽及推廣事項

三 關於業務之調查及統計事項

四 關於用戶紀錄及抄表事項

五 關於電費之計算及徵收事項

六 關於用戶電表之校驗裝置及修理事項

七 關於用戶電氣設備之檢查及接電事項

八 關於所屬職工之管理及編造工帳事項

九 關於電料商號之註冊事項

十 其他關於業務事項

第十三條 會計科之職掌如左

一 關於現金之出納及單據之保管事項
二 關於帳目之登記及預算決算之編造事項
三 關於股票事項
四 其他關於會計事項

第十四條 稽核科之職掌如左
一 關於各項收支之審核及統計事項
二 關於各項工程及材料之驗收稽核事項
三 關於總協理交辦事項
四 其他關於統計稽查事項

第十五條 購料委員會之職掌如左
一 關於購料預算之彙集及審查事項

收 25

二　關於辦料手續之決定事項

三　關於購料價格之審查事項

四　關於辦料定貨方式之建議及浪費之考核事項

五　關於總協理交辦預算以外購料之核議事項

第十六條　各科設科長一人秉承總協理辦理各該科事務并得視事務之繁簡酌設副科長輔助科長辦理該科事務

第十七條　各科設股處理事務每股設股長一人秉承該科科長副科長分掌該股事務較繁之股得設副股長

第十八條　各股設工程師工務員科員見習視各該股事務之繁簡酌派之

第十九條　購料委員會設委員七人由總協理就公司重要職員中指派之并指定一人為主任

（四）

第二十條 本公司設秘書稽核直隸於總經理辦事

第三章 各廠

第廿一條 廠設主任一人主持該廠事務
事務較繁之廠得酌設副主任

第廿二條 各廠之職掌如左
一 關於發電設備之運用改進管理檢查及修理事項
二 關於燃料之節用報告事項
三 關於發電紀錄事項
四 關於所屬職工之管理及編造工帳事項
五 其他有關廠務事項

第廿三條 各廠設股處理事務每股設股長一人秉承主任分掌該股事務

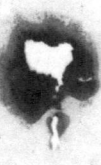

第廿四條 各廠設工程師工務員科員見習視各廠事務之繁簡酌派之

第四章 各辦事處

第廿五條 辦事處設主任一人主持該處事務事務較繁之處得酌設副主任

第廿六條 各辦事處之職掌如左

一 關於所屬區內業務之接洽推廣事項

二 關於所屬區內用户之紀錄事項

三 關於所屬區內用户電表之裝置及校驗事項

四 關於所屬區內用户電氣設備之檢查及接電事項

五 關於所屬職工之管理及編造工帳事項

六 關於委辦之電務工程事項

七 其他有關處務事項

850

第廿七條 各處設股處理事務各股設股長一人秉承主任分掌該股事務

第五章 附則

第廿八條 各室科各廠處之辦事細則另定之

第廿九條 職工任免薪給獎懲請假卹養等一切規則另定之

第三十條 本規程提經董事會議決施行修改時同

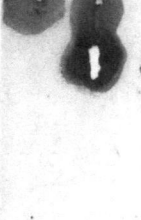

重庆电力公司组织系统表

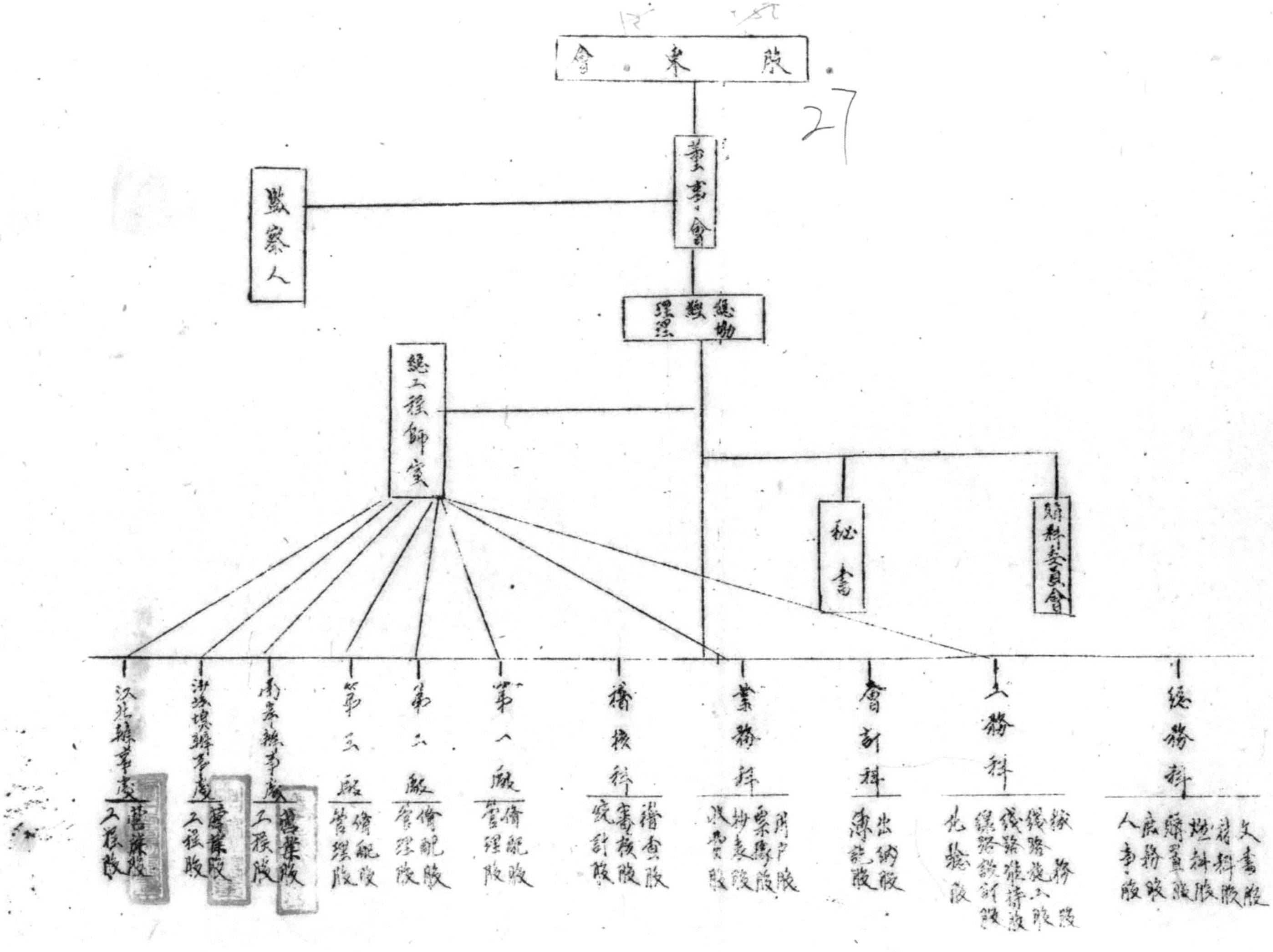

重庆电力股份有限公司人事章则（一九四二年十月二十日）　0219-2-226

7

重慶電力公司人事章則

8

目録

9

僱員臨時僱用辦法

10

重慶電力公司職員任免規則

卅年十月廿日第七十次
董事會通過

第一條　本公司職員之任免除本公司組織規程另有規定外依照本規則辦理

第二條　本公司工務人員具有左列資格之一者

一、國內外大學電機系或機械系畢業者

二、曾在電力廠或機器廠擔任技術工作服務在五年以上者

三、高等工業學校畢業者

第三條　本公司非工務人員以具有左列資格之一者

11

一、国内外大学或高中学校毕业者
二、曾在重要机关服务三年以上而有办事经验者

第四条　本公司全体职员除总工程师由总经理聘任并由董事会备案外其余概由总经理任免之

第五条　各科室厂处之职员得由各该科室厂处之主管官陈请总经理任免之

第六条　职员之任用分左列三种
一、聘任　聘任总工程师时用之

二、遴派　任用各科科長各室股處主任及主任醫師時用之

三、委派　任用聘任遴派以外各職員時用之

第七條　職員之免職分左列五種

一、辭職　自請辭去職務者

二、停職留資　因疾病或其他不得已之事故而停止職務保留資格者

三、裁遣　因裁併或緊縮而裁遣者

四、解職　依本公司職工獎懲規程之規定解除職務者

17

五、開除　依本公司職工獎懲規程之規定開除職務者

第八條　停職留資之期限視其疾病或事故之輕重與年資之深淺成績之優劣定之至多以一年為限

停職留資之職工在核定期間以內得隨時申請准回公司服務逾期以辭職論

第九條　本規則經董事會議決施行

14

重慶電力公司職工保證規則

卅三年六月廿日第八十次董事會通過

第一條 本公司職員及工友除聘任之職員或經總協理特許免保者外均須取具保證書其書式另訂之

第二條 辦理會計經管物品及有關現金出納之職員經管理物品及僕送現金票據之工友其保證人之資格如左

一、殷實商號工廠

二、工商業界有信譽之人士

第三條 前條以外之職工其保證人之資格除適用前條規定之外并得

15

以左列之資格為保證人

一、現任政府機關薦任以上之職員

二、有正當職業及有信譽之人士

第四條 保證人之服務或居住地點及商號之所開設地點以在重慶市區内便於調查對保者為限

第五條 職工之直系親屬及配偶兄弟姊妹不得為各該職工之保證人

第六條 本公司之職工不得互為保證人但小工學徒茶役如確實不能覓具妥保者得由本公司職員或技工五人連帶保證

16

第七條　每一保證人對於本公司職工不得同時為三人以上之保證本公司職員技工連帶保證書亦同

第八條　職員保證書一份工友保證書同式二份應由保證人親自填寫并簽名蓋章其以商號工廠作保者應由經理簽名蓋章并加蓋該商號工廠之正式印章

第九條　保證書須由被保人依法貼足印花稅票

第十條　保證書送秘書室審查合格後即交由稽核科派員對保經保證人在原書內復加簽蓋後再陳總經理核准將職員

17

保證書交秘書室二友保證書以一份交秘書室以一份交工作部份存查

第十條 保證書成立後如發現保證人有不適當情事得由秘書室隨時通知被保人更換之其舊保證書須俟新保證書經過前條規定手續後始由秘書室發還

第十一條 保證成立後每年應復查一次由秘書室函知保證人限期函復聲明或由秘書室人事股持書赴保證人所在地復查應由保證人在原書內加以簽蓋

18

第十三條　被保人變更職務或服務所在地時保證人不變更保證責任

第十四條　保證人如欲聲明退保須直接以書面通知本公司即由秘書室通知被保人覓換新保人依新保證書辦妥將原保證書發還後始能解除保證責任其依本規則第六條規定由五人連帶保證者如內中有一人聲明退保者即視同全体退保

第十五條　保證人原簽蓋於保證人之簽字或印章如有變更或作廢時須直接以書面通知本公司並換發新保證書在新保證書未辦妥前原保證書仍屬有效其依本規則第六條之規定由五人連帶保

19

證書如內中有一人聲明更換得在原保證書上另行簽蓋

第十六條 保證人之職業住址或其所移地點及商號之廠開設地點或其經理住址如有變遷暨保證人如死亡遠去或喪失保證能力時應即請更改或另行覓保其本規則第六條規定由五人連帶保證書如內中有一人離開公司應即換保

第十七條 職工離開公司自其離開之日起滿六個月始將其保證書發還在此時間如發現該職工有未清事件得隨時通知原保證人轉知前來清理否則保證人仍應負責

20

第十八條　職工離開公司後如再入公司服務時無論原保證書已否發還均應另具保證書

第十九條　職工在换保期間必要時得將其工作暫行停止俟换保手續辦妥再行開復

第廿條　本規則經董事會議决施行

21

重慶電力公司職工服務規則

中華民國卅一年十一月廿日
第七十次董事會議通過

第一條 本公司職工服務公司應忠勤謹廉對於本公司一切章程規則應恪守勿渝

第二條 職工除公司規定休假日外應依公司辦事時間逐日準時辦公不得遲到早退其指定值班者並應依照指定之時間到值時應親筆簽到

第三條 職工經辦事務應隨時處理不得積壓如須當日辦畢者並應延長時間辦理之

第四條 外勤職工經辦事務隨時由主管依照事實限定時間支配辦理逐

22

日攷核并按月陳報　總經理

第五條　職工在辦事時間內非經主管之允許或請假不得擅離職守

第六條　職工如有意見應披誠陳述以供採擇并應服從上級職員之指導

第七條　職工對於用戶應謙和誠懇不得繁瑣對於用戶委辦事件尤應周妥敏捷

第八條　職工對於公司之一切器材設備及材料煤觔日用消耗品等應刻意愛惜撙節不得損傷浪費

第九條　職工無論故意或過失致公司受損害時除照職工獎懲規則辦理外

23

并應負賠償之責

第十條　職工對於用戶不得有職務以外之行為或舞弊營私情事

第十一條　職工不得兼任公司以外職務但經　總經理核准者不在此限

第十二條　職工不得任意告退如因不得已之事故必須辭職時應陳經　總經理之核准

第十三條　職工調職時應遵照接替不得藉故推諉其應行交代人員亦不得藉故遲延

第十四條　本規則經董事會議決施行

24

重慶電力公司職工請假規則

卅三年六月廿日第八十一次董事會通過

第一條　本公司職工請假悉依本規則辦理

第二條　核准請假權限如左

總工程師請假由總經理核准函董事會備案秘書正副科長及各室組處廠正副主任請假由總經理核准

其餘職工請假在三日以內者由主管人核准三日以上者由主管人核轉總經理核准

第三條　請假期限如左

25

事假：臨時發生事故或因事回籍必須請假時得請事假每年積計不得逾廿日其在七月以後到職者不得逾十日逾限按日照扣薪工津貼請假回籍者其往來旅程日數得不計入

病假：因疾病請假者每年積計不得逾一個月其在七月以後到職者不得逾十五日逾限得以事假所餘日數作抵逾一個月者給薪工津貼四分之三逾二個月者給薪工津貼半數逾三個月者給薪工津貼四分之一逾四個月者停薪逾六個月者停職但因公受傷者並經特准不在此限其因花柳病鬥毆致傷或戒

26

吸毒物請病或因公受傷未經本公司醫師診斷證明必須休養兩月願休養者均以事假論

婚喪假：因結婚請假者不得逾十日因喪事請假者父母或承重喪不得逾廿日祖父母或配偶喪不得逾十五日但均得按其往來旅程請求加給日數逾限按日照扣薪津貼

生育假：女職員因生育子女請假者不得逾一個月逾限按日照扣薪津

第四條 職員請假應依式填具請假單叙明事由起訖日期時間及

27

代理人姓名由本人及其代理人簽名或蓋章陳經准假後送人事股登記

各辦事處及發電廠應具備請假單正副兩張經核准後正張送人事股登記副張退還主管部份存查

第五條 假期內之代理人以辦理事務相同之同人為限主管認為必要時得逕行派人代理

第六條 假期內之星期日及其他例假日免予計算其在星期日及其他例假日曾經值日不以加班計算者得照其值日日數減少因假

28

期逾限應扣之薪津貼

第七條　請病假在三日以上者應先經本公司醫生或其他註冊醫生出具證明書連同請假單陳核

第八條　確因急事或重之病不能親到請假者應於當日以書面或其他方法託由公司同人代理職務並代填請假單陳核

第九條　假期屆滿不得到職者得聲明理由續假續假手續與請假同

第十條　凡未經請假請假未經核准或雖經核准而未將職務移交

29

代理人擅離職守及假期已滿并未核准續假亦不到職者

均以曠職論曠職一日以事假二日論

第十二條 本規則經董事會議決施行修改時亦同

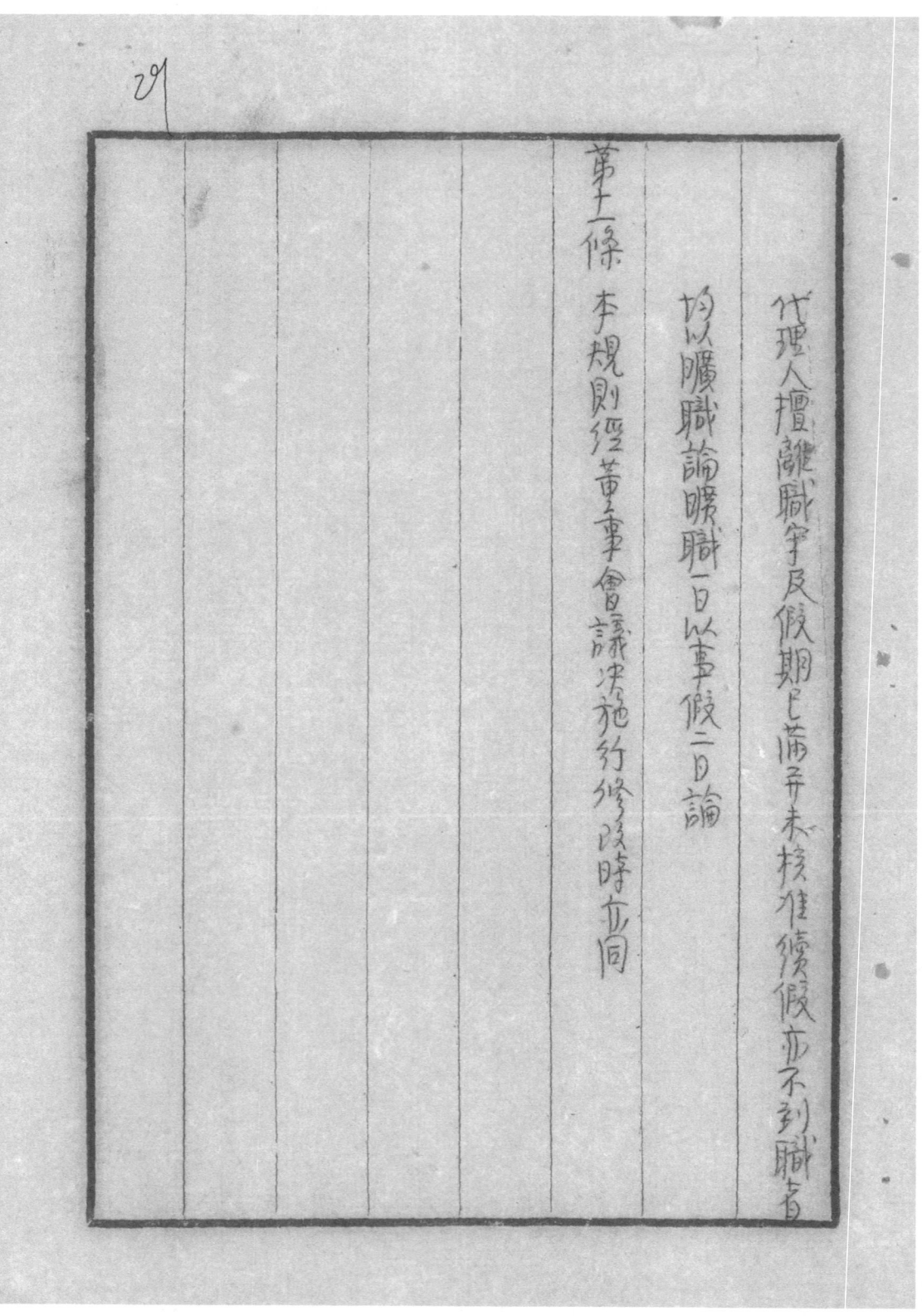

30

重慶電力公司職員簽到劃退辦法

一、本公司內外勤職員每日上午下午上班均須在主管科室組股處簽到退班時並須劃退

二、簽到時間不得超過到公時間卅分鐘無特殊理由不得早退如遲到一次者或早退一次者申誡二次者扣全月薪俸十分之一連續遲到或早退者滿三次者記過三次以上即行停職

三、簽到劃退均須本人簽字或簽章不得請託他人代為簽蓋違犯本條規定之職員無論請託人被請託人一經查實均即行停職

8

四、簽到劃退完畢由主管人簽字並註明完畢時間屬於各廠處股者於次日送呈總經理核閱屬於本公司各室科組之簽到劃退簿由人事股按時收集並送呈總經理核閱

五、在各廠處工作之燃料股材料股医務室人員即在本廠處簽到劃退並由本廠處主管簽字證明完畢時間同第四條之規定呈閱

六、外勤職員須外出接洽公務時應事先向主管人陳明事由以便考核如查出有未經陳明理由私出情事以第二條規定辦理

七、簽到劃退由各主管單位彙存保管備查

32

八、本办法由总经理核准公布后施行，并呈报董事会备案。

33

重慶電力公司職工卹養金規則

中華民國卅七年六月十八日
第一〇六次董事會通過

第一條 本公司職工卹養金分下列三種

一、撫卹金 二、贍養金 三、退職金

第二條 職工服務一年以上在職死亡時除按其最後二個月薪工額同薪工附加發給喪費外並依下列標準核給撫卹金

服務年限	核給月數
1	1
2	2
3	3
4	4
5	5
6	6
7	8
8	10
9	12
10	14
11	16
12	18
13	20
14	22
15	24
16	26
17	28
18	30
19	33
20	36

上項撫卹金按其最後一個月薪工額同薪工附加計算服務年

以後每多一年即加給三個月

34

第三條 職工服務十年以上具有特殊勞績而在職死亡時除按前條規定核給喪葬費及撫卹外得由總經理提請董事會核給特別撫卹金

第四條 職工因公殉職時除按本規則第二條規定核給喪葬費及撫卹金外并加給其最後一年薪工額同薪工附加之撫卹金其有特殊勞績或因冒重大危險救護本公司財產以致殉職者得由總經理提請董事會核給特別撫卹金

第五條 撫卹金由死亡職工之法定繼承人具領

35

第六條 職工因公傷殘肢體經醫師診斷並為本公司察驗任為確已不能任事令其退職者依下列標準按月核給贍養金

一、服務廿年以上退職時薪工額及薪工附加全數

二、服務十五年以上不滿廿年者退職時薪工額及薪工附加百分之八十五

三、服務十年以上不滿十五年者退職時薪工額及薪工附加百分之七十

四、服務五年以上不滿十年者退職時薪工額及薪工附加百分之五十五

五、服務不滿五年者退職時薪工額及薪工附加百分之四十

第七條 職工因公死傷須由主管人將經過情形逕陳總經理查核

36

第六條 職員服務十年以上年逾六十五歲技工小工工役服務十年以上年逾六十歲精力已衰不堪任事自請退職或由本公司令其退職者得依下列標準按月核給贍養金

一、服務廿五年以上者退職時薪工額及薪工附加全數

二、服務廿年以上不滿廿五年者退職時薪工額及薪工附加百分之八十

三、服務十五年以上不滿廿年者退職時薪工額及薪工附加百分之六十

四、服務十年以上未滿十五年者退職時薪工額及薪工附加百分之四十

職工年齡未逾六十而服務已滿廿年因精力已衰不堪任事自請退

31

職或由本公司令其退職者得依上項第一款辦理

第九條　領贍養金之職工自退職之翌日起未滿三年死亡者得按本規則第二條之規定標準核給四分之三撫卹金三年以上未滿五年者核給二分之一撫卹金五年以上者不再給卹

第十條　領贍養金之職工應備具四寸半身照片一張繳由公司核發取款憑摺并留存印鑑

第十一條　職工領取贍養金自退職之翌日起至死亡之日止止領時應由其親屬繳銷取款憑摺違者一經查覺即將其冒領數額加息

38

退還

第十二條　職工服務十年以上年逾五十五歲精力就衰不堪任事或年歲未逾五十五歲而身體衰弱不堪任事且有勞績自請退職或由本公司令其退職者得依下列標準一次核給退職金其有特殊勞績者得由總經理提請董事會核酌加給

服務年限	核給月數
10	20
11	21
12	22
13	23
14	24
15	25
16	26
17	27
18	28
19	29
20	30

上項退職金按其最後一個月薪之額同薪之附加計算其服務年以後每多一年即加給二個月

39

第十三條　贍養金與退職金不得併給

第十四條　職工服務年限以實際到職之日起算其不滿一年之餘數如在半年以上者以一年論其停薪留資者得將在職年月前後併計

第十五條　本規則經董事會議決施行修改時亦同

40

重慶電力公司職工疾病醫藥規則

卅三年十二月七日臨時董事會通過

第一條　本公司設醫務室專為職工患疾病時醫治所有醫治辦法及藥費負担悉依本規則辦理之

第二條　職工患病及受傷統由本公司醫務室免費醫治并免費供給普通藥品

第三條　職工因公受傷經各該主管確實證明主任醫師認為須送醫院醫治并報請總協理核准者所有住院醫藥費用概由公司負担

41

第四條 職工患病及受傷除因公受傷外，主任醫師認為須送醫院醫治，并報請總協理核准者，所有住院醫藥費用准由公司負擔百分之六十

第五條 凡核准送醫院醫治之職工，副科長及工程師以上得住頭等病房，股長及副工程師以下得住二等病房，其自願改住三等病房者聽便，技工見習以下概住三等病房，如願照規定住較高病房者，所有超過費用由各該職工自理，公司不予負擔或分擔

第六條 職工患病或受傷如不照本規則二、三、四條規定之辦法就醫而擅

42

自行覓醫者或住院者所有醫藥費用公司概不負担

第七條 花柳病及職工患病時發覺染有毒品嗜好者公司概不負担或分担

第八條 補藥補針及高貴藥品（可改用代用品者）公司概不供給或分担費用

第九條 職工應行負担部份之醫藥費用經查明確屬無力支付而又病勢嚴重者得酌予借支惟以一個月薪工為限

第十條 職工眷屬患病得就醫務室診治惟不供給藥品

43

第十二條 本規則經董事會議決公佈施行之

44

重慶電力公司雇員臨工雇用辦法

一、本公司各部門因工作需要得呈准總經理雇用臨時員工如工作不需要即予解雇

二、臨時雇用之職員稱雇員工人稱臨工

三、雇員臨工應照章填具保證書對於本公司職工服務應守規程一律適用

四、雇員臨工不得與本公司職工同樣享受職工福利

五、雇員臨工按月支給津貼自到公司之日起支雇員每月以一市石五斗

45.

米折合法币发给临工每月以一市石米折合法币发给

六、僱員臨工服務勤勞者年終由總經理酌予批給獎金

七、僱員臨工解僱時除發給當月津貼外不再給遣散費

八、本辦法經董事會議決施行

重慶電力公司職員任免規則

（中華民國三十一年十月二十日第七十次董事會議通過）

第一條 本公司職員之任免除本公司組織規程另有規定外依照本規則辦理

第二條 本公司工務人員以具有左列資格之一者充任之

一、國內外大學校電機系或機械系畢業者

二、曾在電力廠機器廠擔任技術工作服務在五年以上者

三、高等工業學校畢業者

第三條 本公司非工務人員以具有左列資格之一者充任之

一、國內外大學或高中學校畢業者

二、曾在事業機關服務三年以上而有一種專長經驗者

第四條 本公司全體職員除總工程師由總經理聘任函呈董事會備案

54

外其餘概由總經理任免之

第五條 各科室廠處之職員得由各該科室廠處之主管陳請總經理任免之

第六條 職員之任用分左列三種

一、聘任 聘任總工程師時用之

二、遴派 任用各科科長及室廠處主任及主任工程師時用之

三、委派 任用聘任遴派以外各職員時用之

第七條 職員之免職分左列五種

一、辭職 自請辭去職務者

二、停職留資 因疾病或其他不得已之事故而停其職務保留資格者

55 28

三、裁遣　因裁併或緊縮而裁遣者

四、解職　依本公司職工獎懲規則之規定解除職務者

五、開除　依本公司職工獎懲規則之規定開除職務者

第八條　停職留資之期限視其疾病或事故之輕重與年資之深淺成績之優劣定之至多以一年為限

停職留資之職工在核定期間以內得隨時申請復回公司服務逾期以辭職論

第九條　本規則經董事會議決施行

重庆电力股份有限公司组织规程（一九四二年十月二十日） 0219-2-70

15

重慶電力股份有限公司組織規程

中華民國卅一年十月廿日 第七十次董事會議通過

第一章 總則

第一條 本公司依章程之規定設總公司於重慶總攬公司事務

第二條 本公司由總經理商同董事長常務董事處理一切事務協理協助之

第三條 本公司設總工程師秉承總協理負責處理工程事務

第四條 本公司設第一廠於大溪溝第二廠於南岸第三廠於鵝公岩並於南岸江北沙坪壩各設辦事處

前項機構之增減移併，視業務之繁簡暨事實之需要由總經理呈請董事會議行之

第五條 各廠各處直隸於總公司

第二章 總公司

第六條 本公司設左列各室科會

總工程師室 總務科 工務科 業務科

一

会计科　稽核科　购料委员会

第七條　本公司组织系统如左

（另表）

第八條　總工程師室之職掌如左

一、關於各科廠處有關工程之指示監督改進及審核事项

二、關於擴充工程之設計估值及工程進行期間之監督考核事项

三、關於配購材料之建议及審核事项

四、關於工程設備單價之估计及審查事项

五、關於工程業務契約之審核事项

六、關於工程人员之指揮考核事项

七、其他關於工程事项

16

第九條　總工程師室須設主任工程師協助總工程師處理工程一切事務並須設工程師工程員必要時須由總工程師隨時指調各科廠處人員處理該室事項

第十條　總務科之職掌如左

一、關於文電之收發撰擬及保管事項

二、關於印章之保管事項

三、關於職工進退升調考績之登記通告及其他有關人事事項

四、關於燃料材料物品之購置收發保管及登記事項

五、關於薪工之發放事項

六、關於一切庶務及不屬於其他各科事項

第十一條　工務科之職掌如左

一、關於各廠各處有關工程之指示改進審核及報告事項
二、關於輸電線路配電設備之查勘設計估價及施工事項
三、關於線路之管理檢查整理及修理事項
四、關於變壓器及配電設備之管理檢查及修理事項
七、關於機務電務工料帳之分配事項
八、關於發電統計及成本計算事項
九、關於燃料水質之化驗事項
十、關於所屬職工之管理及編造工帳事項
十一、其他關於工務事項

第十二條 業務科之職掌如左
一、關於各揚事處有關業務之指示改進審核及報告事項

17

二、關於業務之接洽及推廣事項
三、關於業務之調查及統計事項
四、關於用戶紀錄及抄表事項
五、關於電費之計算及征收事項
六、關於用戶電表之校驗裝置及修理事項
七、關於用戶電氣設備之檢查及接電事項
八、關於廠職工之管理及編造工帳事項
九、關於電料商號之註冊事項
十、其他關於業務事項

第十三條　會計科之職掌如左
一、關於現金之出納及單據之保管事項
二、關於帳目之登記及預算決算之編造事項

三、關於股票事項
四、其他關於會計事項

第十四條 稽核科之職掌如左
一、關於各項收支之審核及統計事項
二、關於各項工程及材料之驗收稽核事項
三、關於總協理交辦事項
四、其他關於統計稽查事項

第十五條 購料委員會之職掌如左
一、關於購料預算之彙集及審查事項
二、關於購料手續之決定事項
三、關於購料價格之審查事項
四、關於購料運輸方式之建議及運費之考核事項

18

其關於總協理交議預算以外範科之核議事項

第十六條　各科設科長一人秉承總協理辦理各該科事務並得視事務繁簡酌設副科長輔助科長辦理該科事務

第十七條　各科設股處理事務每股設股長一人秉承該科科長副科長分掌該股事務事務較繁之股得設副股長

第十八條　各股設工程師工務員科員見習視各該股事務之繁簡酌派之

第十九條　稽核委員會設委員七人由總經理就各司重要職員中指派之并指定一人為主任

第二十條　本公司設秘書稽核直隸於總經理辦理事務

第六章 各廠

第廿一條 廠設主任一人主持該廠事務 事務繁之廠得酌設副主任

第廿二條 各廠之職掌如左

一、關於發電設備之運用改進管理檢查及修理事項

二、關於燃料之節用報告事項

三、關於發電紀錄事項

四、關於廠房職工之管理及編造工務帳事項

五、其他有關廠務事項

第廿三條 各廠設股處理事務 每股設股長一人秉承主任

分掌該股事務

第廿四條 各廠得設工程師工務員科員見習視各廠事務之繁簡酌派之

第四章 各辦事處

第廿五條 辦事處設主任一人主持該處事務事務繁之處得酌設副主任

第廿六條 各辦事處之職掌如左

一、關於所屬區內業務之接洽推廣事務

二、關於所屬區內用戶之紀錄事項

三、關於所屬區內用戶電表之裝置及校驗事項

四、關於所屬區內用戶電氣設備之檢查及接電事項

五、關於所屬職工之管理及編造工帳事項

六、關於兼辦之電務工程事項

七、其他有關處務事項

第廿七條 各處設股處理事務各股設股長一人秉承

並經公會該股召開

第五章 附則

第廿八條 各室科各廠處另以細則另定之

第廿九條 職工任免薪給獎懲請假婚喪等一切規則另定之

第卅條 本規程提經董事會議決施行修改時同

重庆电力股份有限公司工友奖惩规则（一九四二年） 0219-2-103

32

重庆电力股份有限公司工友奖惩规则

第一条 本规则依职工服务规则之规定订定之

第二条 工友之奖励分左列五种

一、嘉奖

二、记功

三、奖金

四、晋级

五、升职

第三条 工友之惩处分左列六种

一、申诫

二、記過
三、罰工
四、降級
五、解雇
六、開除

第四条　記功三次得酌給獎金　記過三次得酌予罰工

第五条　申誡至六次記過至三次或曾經罰工而仍不悛改者得酌予降級解雇或開除之懲戒處分

第六条　工友有左列情形之一者得由各管工人員報請主管詳陳事實陳請　總工程師　轉陳總經理協理核

33

8

奖励（依第二条之规定，分别予以）

一、对于公司各种设备有特殊改良贡献，经审查认为完善者

二、对于公司各种设备有危险现象能于事先发现，因而得以预防或矫正者

三、使用各种消耗物料及消耗工具能节省至规定数量以下者

四、对于工作特别努力，效率甚高者

五、有所建议或条陈，经采行确有成效者

六、发现其他工友有妨害公司名誉及利益之行为者

報主管調查屬實者

七、發覺公司材物被人窃盗密報主管緝查因而人贓俱獲者

八、其他對公司有利或本人有特殊表見之事項

第七條 工友有左列情形之一者得由各管工人員報請主管詳陳事實陳請總工程師轉陳總經理協理予以懲處依第三條之規定分別

一、用公司材料私造物品者及浪費材料經查詳明屬實者

二、因工作怠忽責或故意損壞或遺失材料工具者除照價賠償外并應懲戒分予以處分

65　34

六、有不良嗜好或違反道德之行為者及

七、有妨害公司名譽之行為或圖不正當之收入者

有其他舞弊行為者

六、擅自取用他人工具者

三、領用物料工具朦混携出或擅自轉借或使用不慎取用及

以致損壞或遺失者

八、犯盜竊行為者

九、故意損壞各種設備者

四、十、不服經主管人值班員管工員領班命令指揮者或

十一、刁唆煽惑或帮助他人伙之犯規處事須或謀動風潮破壞紀律者

五、十二、知明道其他工友有妨害公司名譽及利益之行為而不

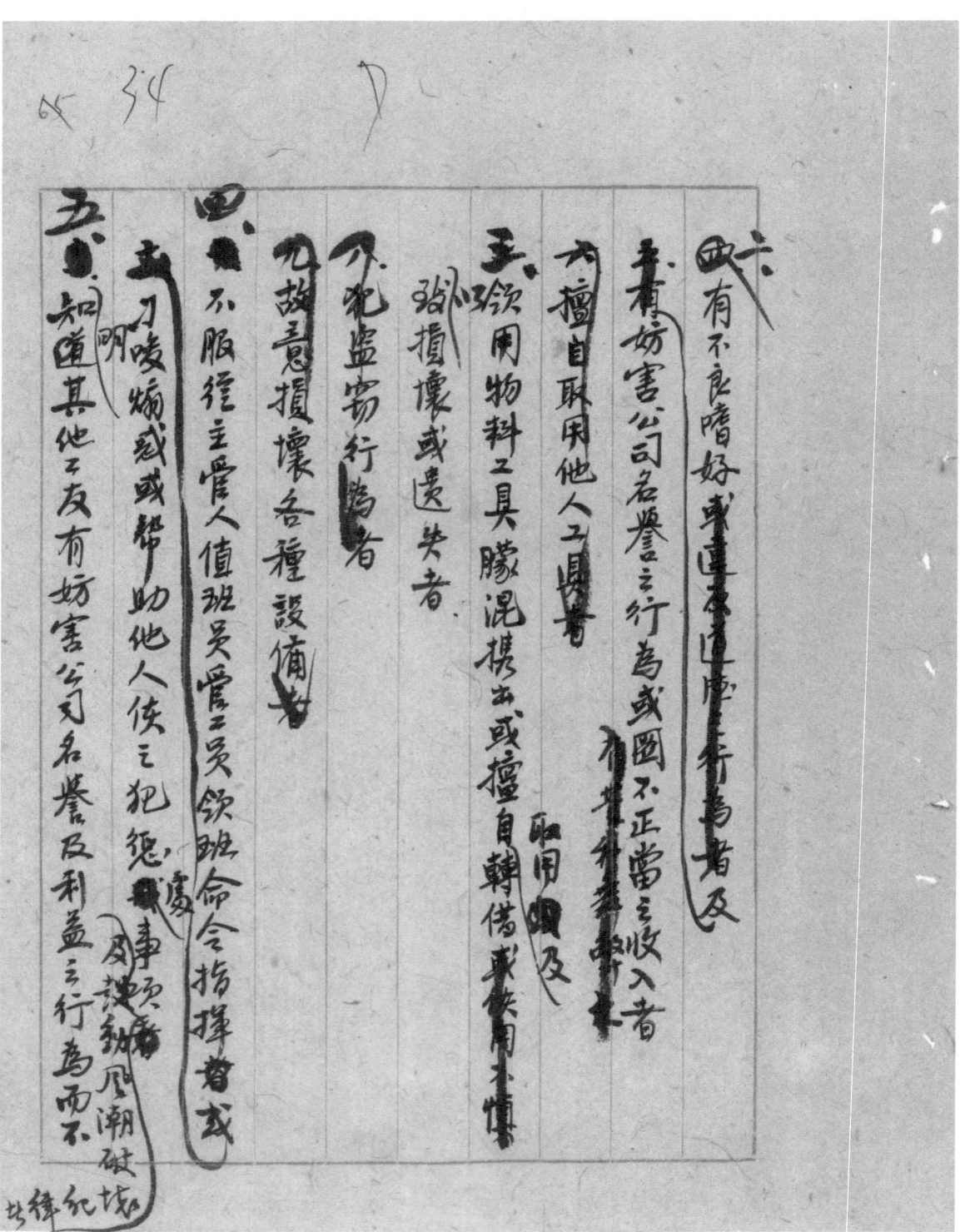

厂方规则应请由各厂拟来送核 注说

似应由人事服务用多厂主管拟订送核

密报经查属实者

十三、转借本人证章服务证或其他证件与他人经查属实者

十六、不遵守本公司一切规章规定者

十四、违反职工服务规则者

十五、违反工友请假规则者

十六、不遵公司一切规章者

十七、倩人代印或代填工作证者

十八、倩人代工者或疏忽职守致发生不良影响者

十九、藉词鼓动风潮煽惑罢工怠工或有上述之煽动行为者以及和自参加其他非法组织防害公司及社会者

34-1

第八條　乙方違犯上述各事項，除分別予以第三條之處罰外，並有關司法部份者，并得移送法院辦理

第九條　乙方因工作怠息或技藝損毀及遺失材料工具，及損壞各項設備者，除依第三條之規定處分外，并得照價賠償。

重慶電力股份有限公司便箋

收55　8

第十八条　工友曠工得由各管工人员報請主管依左列之規定處罰之并應隨时抄報總務科備案

一、曠工一日者除申誡及不給該日工資外并加罰一日工資

二、連續曠工二日者除記過一次及不給該二日工資外并加罰二日工資

三、連續曠工三日者除記過三次及不給該三日工資外并加罰三日工資

四、連續曠工在三日以上者除記過三次及不給該數日工資并加罰加倍日數之工資

五、連續曠工滿七日者開除

第十一條 工友曠工除按前條規定辦理外并依下列規定由管工人員報請主管陈請總經理協理核辦

一、連續三個月內累記曠工滿七日者降級

二、連續三個月內累記曠工滿十四日者降級

三、連續三個月內累記曠工滿二十日者開除

第十二條 工友不照規定時間上工下工而事前未准假者得由各管工人員報請主管依左列之規定處罰之并應隨時報總務科備案

一、凡遲到或早退在十分鐘以內者罰工資一小時

56

二、凡遲到或早退在半小时以内者罰扣工资三小时

三、凡遲到或早退在一小时以内者罰扣工资半日

四、凡遲到或早退在一小时以上者以曠工一日論

第十三条 工友如受刑事處分或為破產之宣告者即予解雇

第十四条 工友有營私舞弊行為者視其情節之輕重予以解雇或開除

第十四条 工友受記過處分者於其悔過有據時得由管工人員報請主管聲請註銷之

第十五条 開除之工友永不錄用

70

第十六条 工友工作满足一年得於届满一年之年度内参加工作考核

工作考核办法另订之

~~第十六条 本规则经董事会议决通过公布施行~~

第十七条 工友离工再到公司工作者以新到工友论

第十八条 本规则经董事会议决通过公布施行

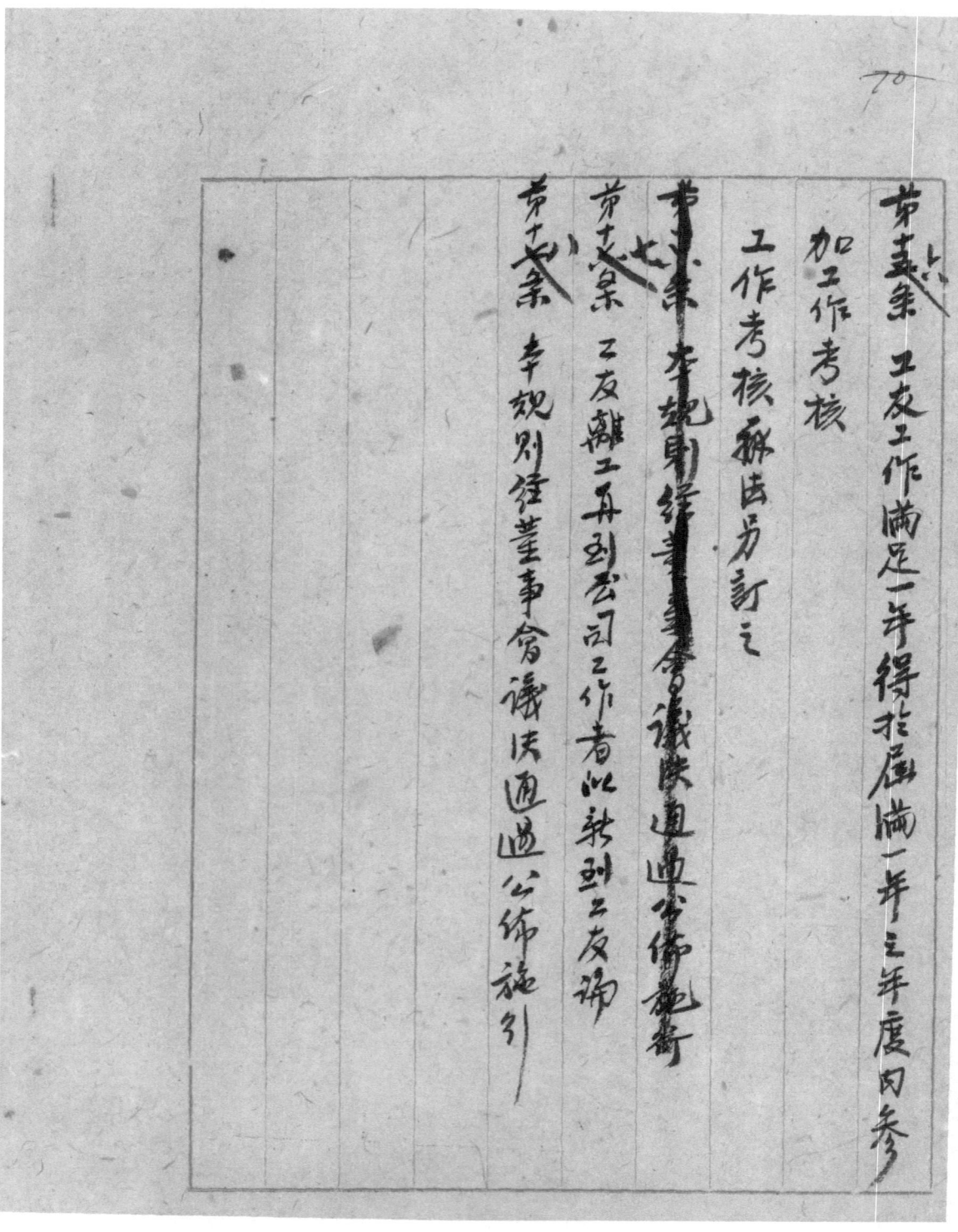

重慶電力公司非常時期職工撫卹規則

第一條　本公司職工因非常時間遭受寇機轟炸死傷者依本規則辦理

第二條　本公司職工因遭受轟炸死亡者依下列各項之規定給卹

（一）空襲時廠內當班職工以職務關係不能離職因而死亡者給予一次卹金職員壹仟元工人五百元夫役貳百元作殮葬費用外並照最後所支薪工金額每月給予三分之一作其家屬生活費用以支滿五年為止

（二）公司職工於空襲時因職務關係不能離開（如值星職員當班工役等是）因而死亡者照上項之規定辦理

（三）廠房非當班職工及公司外勤職工與辦公時間內職工於空襲時不及避免因而死亡者給予一次卹金三個月最後所支薪工金額計算

（四）公司規定之辦公時間外職工有遇空襲死亡者給予一次卹金一月照最後所支薪工金額計算

上列三四兩項領卹職工如有符合職工撫卹規則第四項之規定者依其數額辦理

第三條　本公司職工因遭受轟炸傷廢者依下列各項之規定撫卹

一、前條各項職工因遭受空襲負傷者給予全部醫藥費用在治療期間內按月照發全薪

二、前條各項職工因遭受空襲負傷經治療之結果殘廢不能工作者照死亡例分別辦理

第四條　前兩條規定領卹家屬依法以死亡者之妻或子女父母為限如同時俱備指定主持家務者領取如俱無以無家屬論如僅有子女俱幼者由法定監護人代領

第五條　請卹者須填具請卹表詳載死傷地點時間經該管科長覆核無訛後轉由總協理核定

第六條　臨時僱用工役不得援用本規則之規定

第七條　撫卹各費悉給法幣

第八條　本規則經董事會議決後發生效力修改時亦同

第九條　本規則經遇非常時期後由董事會決定廢止之

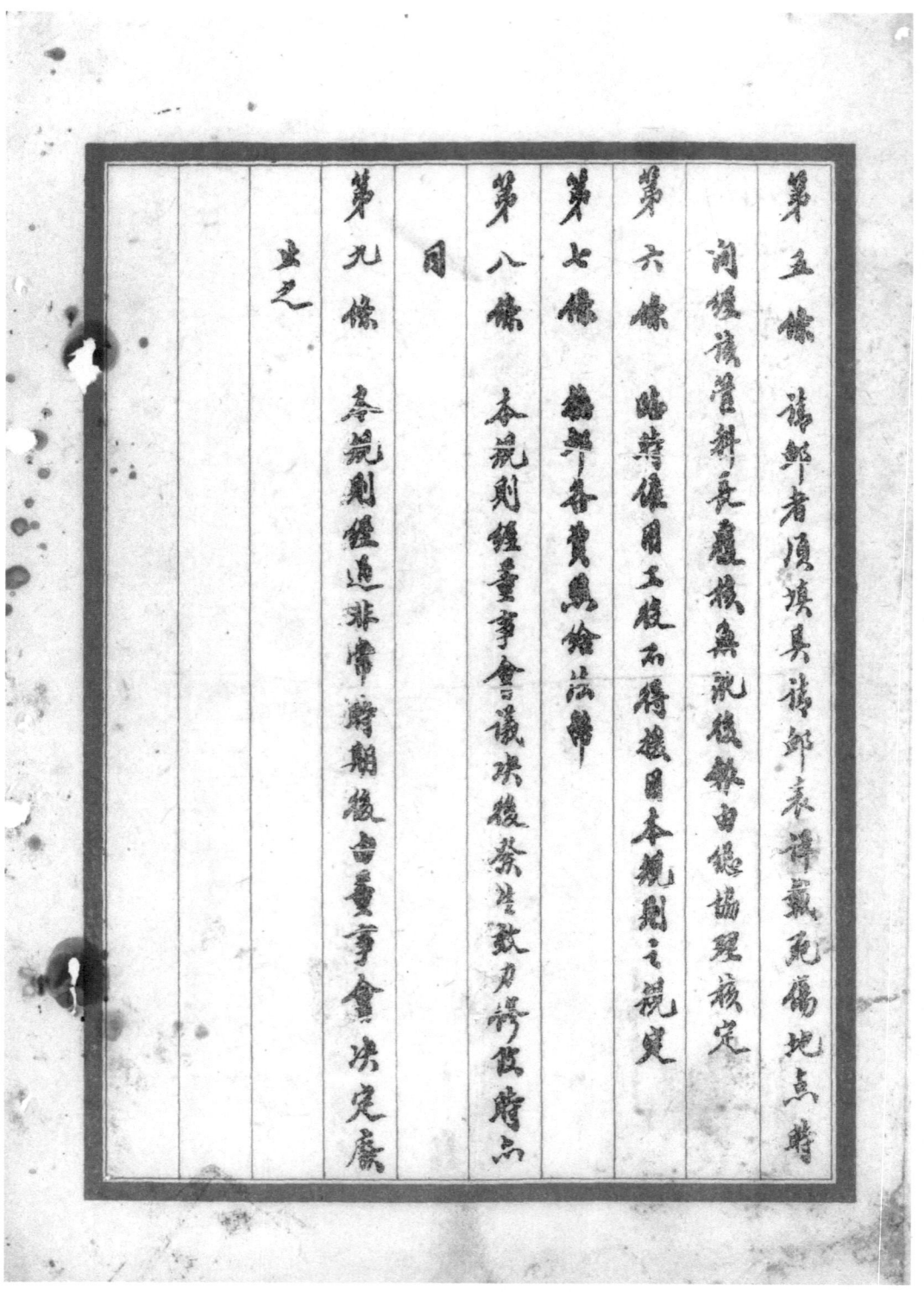

48

郵 撫

重慶電力股份有限公司

營業要目 電燈 電力 電熱 各種工業用電

存撫郵卷

中華民國卅二年九月十三日收 字收文第188號

謹簽者奉 交下職工卹養規則全份窃查其中
尚有可議之點謹陳意見恭請
俯查如有可行並請 提付董事會修改以利執行
(一)第十四條原文「職工服務年限以實際到職之日起算
其不滿一年之餘數如在半年以上以一年論服務有間斷
者得將在職年月前後併算」擬修正為「職工服務年限
以實際到公司服務之日起算……服務有間斷者其因
辭職裁遣解職或開除而離職以前之年月不計其因辭職停職

尊處如有賜顧事項 請惠臨敝公司接洽無不竭誠歡迎

住址：民權路三十三號 電報掛號零零八一

41

重慶電力股份有限公司

營業要目：電燈 電力 電熱 各種工業用電

停職留資裁遣而離職者得將在職年月前後併算」

（二）添第十五條 擬文「凡請准停職留資而離職者不給贍養金或退職金凡解職裁撤者亦之共祇給得因辭職或裁遣而退職者其停職留資解職或開除者不得發給之」

（三）將原第十五條改為第十六條 將原第十六條改為第十七條

是否有當敬請

裁示

科長 [illegible]

人事股 [illegible] 十一日

如有賜顧事項 請惠臨敝公司接洽無不竭誠歡迎

住址：民權路三十三號 電報掛號零零八一

撫卹

50　24

重慶電力股份有限公司職員工務報單

字第　　號　　民國　　年　　月　　日

事由

謹簽者奉　交下職工卹養規則全份筋查其中尚有可議之點謹陳意見恭請

俯查如有可行并請　提付董事會修改以利執行

（一）第十六條原文「職工服務年限以實際到職之日起算其不滿一年之餘數如在半年以上以一年論服務有間斷者得將在職年月前後併算」擬修正為「職工服務年限以實際到公司服務之日起算……服務有間斷者其因辭職、裁遣、解職或開除而離職以前年月鑒核計其因停職留資而離職者得（蓋章）將在職報年月

51.

重慶電力股份有限公司職員工務報單

字第　號　民國　年　月　日

事由

前次併算」

（二）添第十五条 擬文「凡請准停職留資而離職者得給贍養金或退職金之發給祇得給因辭職或裁遣而退職者其停職留資解職或開除者不得發給之」

（三）將原第十五条改為第十六条將原第十六条改為第十七条

是否有當敬請

裁示謹呈

科長轉　鑒核

（蓋章）報

52

重慶電力股份有限公司職員工務報單

字第　號

民國　年　月　日

事由

總經理

協理

存

九

十二

人事股

發

九月

十三日

鑒核

（蓋章）報

重庆电力股份有限公司营业章程（一九四三年十月） 0219-2-70

卅二年十月 日秘書
整理 十一月 業務課稿
校對稿

重慶電力公司營業章程

第一章 總則

第一條 本公司營業除另有規定外悉依本章程辦理。

第二條 本公司以供給左列用電為主要業務：

一 電燈 凡以電為照明之用者屬之，太陽燈、愛克斯光、電風扇、放映機及其他家用電器等均以電燈論。

二 電力 凡以電為營業上原動力之用者屬之，但以電動機拖動發電機或以交流機整流電照明或使

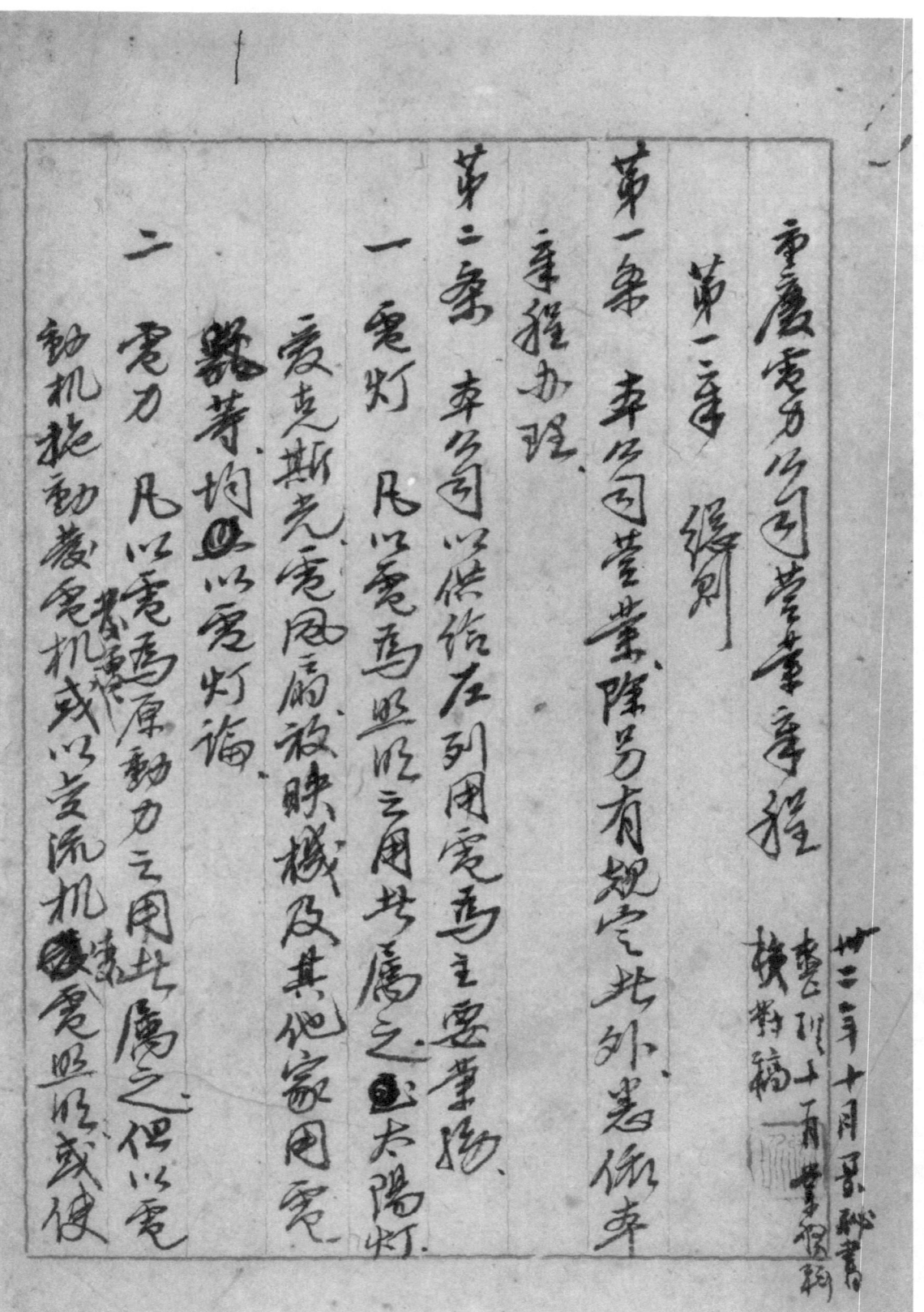

用以電灯計費之電器或其原動力不足一馬力、

及以單相電力之電器等均以電灯論、（單相插頭設用電電力在十度以上者得以電力論、）

三 電熱、凡以電為發熱之用者屬之、如開電竈、

鍛、取煖、煮、焊煉、冶、烘焙及其他等是、但其設備不足

一千瓦特者、仍以電灯論、

特種電氣設備之設計及裝置、與電器用具之出

租、為本公司臨時業務、

第三條 本公司日夜供電、但因有左列情事致停

電流時、概不負責、

一 用戶不慎、

2

归併第二十三条及第四十二条

二 修理机器并呈经核准、

三 机器容量不足并呈经核准、

四 其他遇有不可抗力、

上项第二三四各款停电时间在五小时以上者应先期登报公告、

第四条 本公司收取用户电费按电度表用电度数计算，但用户如有特殊用电设备经本公司认可者得另订用电合同

第二章 供电方式

第四条 本公司供电方式为三相交流五十周波、输

高压輸電或是否有其他数据請工務科酌奪

電壓暂定為一萬三千八百伏、及五千二百五十伏、用電電压定為三相三百八十伏及單相二百二十伏兩種、但有特殊用電性形經本公司認可者得用其他電压、

第五条　電力用電其裝見不足一馬力者得用單相、一馬力以上者限用三相、

第六条　電動机在十馬力以下者得用鼠籠式起適、十馬力者須用滑圜式、但有特殊用電性形經本公司認可者得用其他式樣之電動机、五馬力以上之電動机須装置適當之起動設備為

单独降压起动器及Y△开关等器，务使在定额电压下之起动电流不致超过其全负荷电流之二倍半。

第三节　添杆放线

第七条　用户声请供电，其距离本公司线路较远，须添杆放线方能接电者，应先向本公司业务科或区（以下简称主管科处）办事处填具添杆放线声请单，经派员查勘，认可并估计工料价后，即将可能添杆放线通知单送交原声请户，於一个月内持单向主管科处缴付杆线补助费，如因工程困难或器材缺乏无法办理时，即将不可能添杆放线通知单送交原

声请户、

前项杆线补助费、係按市价估计器材工料总数比照酌收加工费。

第八条 用户声请装置电话、因本公司电杆所到之区无适当线路设备以资接用者，其声请敷线及杆费、依前条规定办理。

第九条 同一地段内有二户以上同时声请添杆敷线、其杆线补助费、应由各声请户自行摊付，如係先后声请应由最先声请户负担，其已交补助费不得要求后用户或公司

第十条 本公司添设之杆线、虽经何用户收取补助费、其所有权仍属本公司、嗣后附近居户声请在是

4

项杆线接电财原缴付补助费之用户不得干涉。

第四章 内线装置

第十一条 用户屋内之电气装置应由现经重庆市政府注册之承装电气商店办理，其特别装置经本公司认可者得由用户自办或委托本公司代办。

第十二条 用户内线装置如查有不依前条规定或不遵前中央建设委员会颁布之屋内电灯线装置规则及重庆市政府颁布之电气装置取缔规则规定办理者，本公司得拒绝接电。

第十三条 本公司装于用户之电表，如查有将表内電綫轉移他人房屋或轉售電流与他人使用，本公司得停止供電。

第五章 接電手續

第十四条 用户装置内綫後，須由承装商店或户主向本公司主管科處填具報装請驗單，經接驗認為可，即將接驗合格通知單交原請驗户，於一個月内持單向主管科處繳納電度表押金、用電保證金（以下簡稱押金）及接電費，本公司於收款後三日内派工装表接電，遇天雨例假或其他意外之变不在此限。如接驗認為不合格，即將修正通知單交原請驗户，改正再持單報

5

請復驗，如復驗仍認為不合，即通知其改正，合格為止。請復驗至二次以上時，每次應由承裝商應照繳復驗費。

前項保押金及檢查電表費，應遵照經濟部核定金額收取，但臨時用戶須加倍繳付。

第十五條　用戶電表及自附近電桿起至電表止之接戶線，均由本公司代為裝置，其電表之種數、容量由本公司依照裝置電氣種數及用電量酌定。對於電燈用戶每戶皮線以七十五市尺為限，鉛包皮線以十市尺為限，對於電力用戶加倍。倘逾此量，應由用戶繳付補助費。

本公司如遇器材缺乏，不能依前項規定備線裝表

此兩條併入第十四條

時得由用户自備器材請求本公司裝置，（抵繳補助費）但其器材之所有权应屬於本公司。

第十五（六）條 用户如未經本公司裝有電灯表，不得申請供給電力或電熱。

第十七條 本公司裝于用户屋内之電綫、電表及其他器材，用户負有保護之責，如有損壞或遺失，須照市價賠償。

第十九條 電度表押金、電費保証金及接電費等均依照經濟部核准數目收取，如電價及電表市價有变动時，得由本公司呈請改訂。

6

第二十条　用户装用临时电灯表以一个月为限，所有电度表押金、电费保证金及接电费等均照前条接户数目加倍缴付

第六条　换表移表验表及过户

第五十八条　用户装用电表后，如更变电气设备、另换较大或较小之电表时，应于改装工程后，携带印章、向本公司主管科或过户处填具改表声请单、经检验认可、即将可能改表通知单交与原户、请户于一个月内持单及原缴电度表押金及电费保押金收据，向原主管科交照补或照退保押金，并照缴

移入第十七條

納換表費、本公司當即派工撤換、表如經檢驗認為不可能用時、即將不可能改表通知單、交與原訂戶、前項訂戶改表、經本公司檢驗或拆表時、發覺原裝之器材有損壞情事、應由用戶照市價賠償、

第五十九條　用戶拟將原裝電表移至新址時、應先向本公司主管科接洽、填具撤表申請書、停電撤表、其新址接電手續、應作為新用戶報裝、依本章程第十四、十五兩條規定辦理、用戶收到檢驗合格通知單時、應持同原繳保押金收據向主管科交繳費、

用户新地急需用电时，得声请加急迁移，本公司接受声请后，即提前检验，其接电费应加倍收取，但用户不得藉口需用孔急，自行撤表或展迁，否则一经查觉，即以窃电论，撤回电表，停止供电，没收原缴保押金并追偿欠费。

第二十五条　用户拟将原装电表于同一屋内迁移，所时应先向本公司填具注明拟移装处所之屋内移表声请单，经检验认可，即将可能移表通知单交原声请户，于一个月内持单向原主管收件处照缴移表费，其须加添材料者，并照缴材料补贴费，本公司于收费后二日内派工表（遇天时倒伍或其他意外之变不在此限）如经检验认为不便移还时即将不能移表通知单交与用户。

第二十一条 本公司所装各用户电表每三年按户轮流检验一次，如用户认为所装电表不大准确得随时向本公司主管营业科要求填具检表声请单、照缴检表费，本公司对于单相表得派员赴用户检验，三相表须撤回检验。

电表经检验后依前中央建设委员会所定标准，其快慢不及百分之二者以准确论，如快慢在百分之二以上即按所得之准确百分数计算追还或补

8

收最近一個月份電費之總額，並退還按表費，如電表發生故障無法計算交正電度時，應照最近三個月平均實用電度更正當月電費，其裝表未滿三個月者，應照用電後各月實用電度平均更正電費，其裝表未滿一個月者，應照裝表後一個月每日用電平均度數按日更正電費。

第二十五條 舊用戶所裝電表擬過讓新用戶時，應由新、舊兩戶攜帶保押金收據及印章偕同公司主管科，定填具過戶申請單，繳清電費，辦理過戶手續，並照繳過戶手續費、

至前積之各項欠費賠償及其他責任概由新之
負担、
第七章 電費底度
第二十三条 本公司收取用戶電費、遵照經濟部核定
電價表分算並按電度表用電度數計算、
第二十四条 用戶裝用電表按每月用電不及底度或未
用電度均應照底度算付電費、超過底度者照實用
電度計費、各種底度規定如左、
一 電力每月以每馬力二十五度為底度、其大宗電力用電
特經本公司認可者得另訂用電合同、

二　电灯底度依装用电表容量分别计算如左

电表安培数	每月底度
一五	四
三	六
五	一〇
一〇	二〇
一五	三〇
二〇	四〇
三〇	六〇
五〇	一〇〇

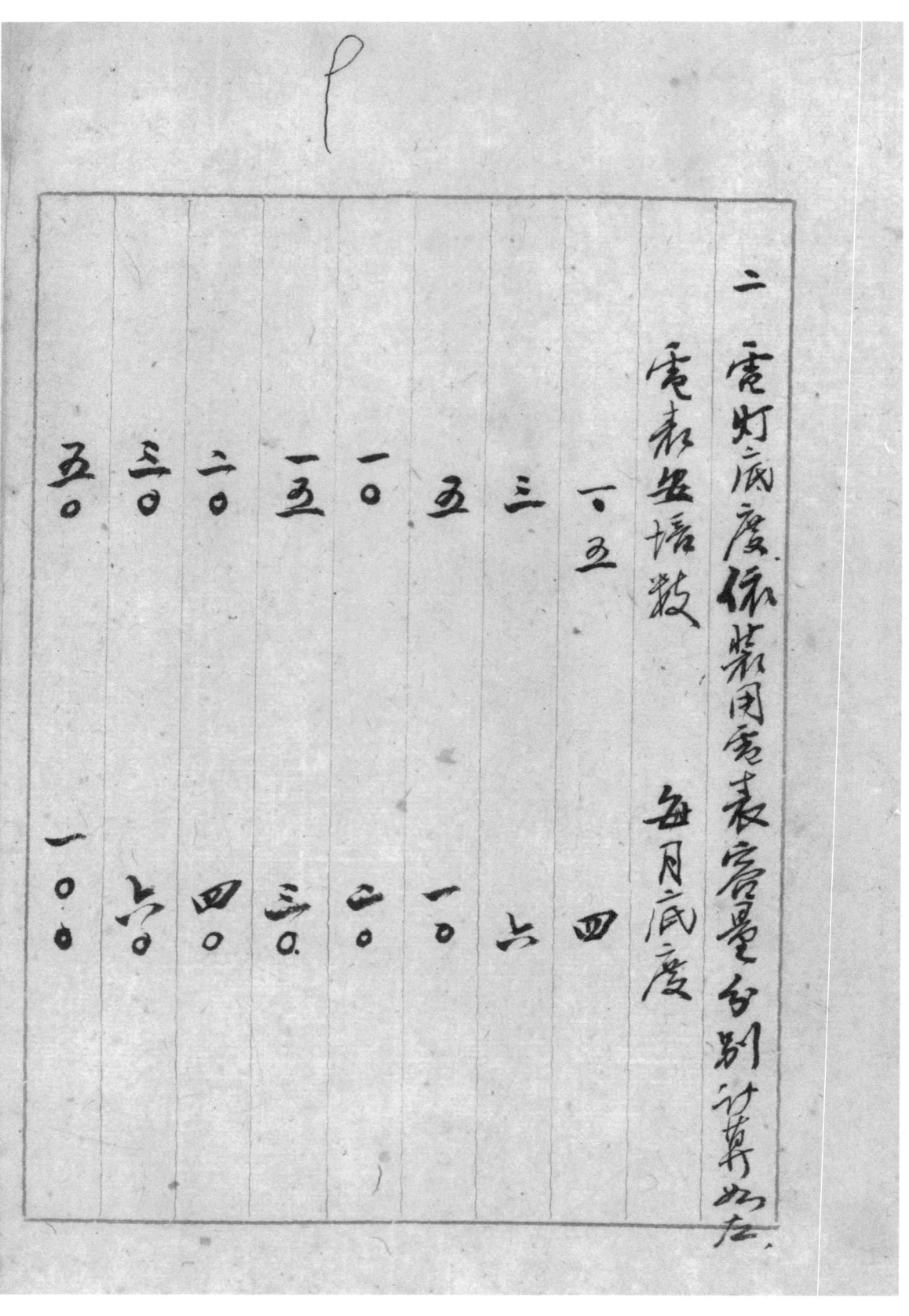

一〇〇　二〇〇

三　電熱以五安培為最小電表量、每月底度与電灯同、

第二十五条　臨時用戶以三安培為最小電表量（其用電期間在一個月内時、電費照核定電度、自[illegible]計算）、月底度照前条加倍計算、

第八章　抄表收費

第二十九条　本公司每月規定日期派員至各用戶抄表一次、計算所用電度、記載於抄表記錄卡片上、以便用戶隨時核算、對于醫院旅館茶館戲院及其他公共娛樂場所得酌量情形另訂抄表收

10

整册法、

第二十七条　本公司派员赴用户抄表時，如遇门鎖閉
無法抄錄，即由本公司改函約期，如到期仍無法抄
錄，亦無從函，即派工言錢，並照同鄰居或類推保
甲人員作証，收回電表，仍追繳欠電費。

第二十八条　本公司抄表後，派員持正式收據向用户收取
電費，如用户当时未能照付，即由該收費員告知其应
付金額及日期，再往催收。

第二十九条　用户電費須一次付清，取得本公司正式收據為
憑，如未取得正式收據，或取得收費員所给臨時收

接洽概作無效。

第三十四条 用户电费、维修前项收例未付清时，由本公司寄发催费通知单，限期缴付，如再逾限即派工剪线撤表，并追偿欠费。

第三十九条 撤表复火

第三十一条 用户原有电气设备维修剪线撤表后如欲复火用电，应于三日内向本公司主管营业科或其中处填具复火申请单，照缴欠费及复电费，并照章复火，逾期即照新户报装办理。

第三十二条 用户自动请求撤表，应于三日前随带印

11

并入第卅一条

应向本公司主管科处填具停电撤表户请单结派工拆除

第三十六条　旧用户原有电气设备、线路迁移於表后、用户请复火时应照新户手续、

第十章　补换退费

第三十七条　用户遗失保押金收据时应即向本公司主管科处填具挂失户请单、照缴挂失手续费、随觅殷实铺保签具本公司制发之挂失补换保单、并登报声明经本公司对保查实后即照原缴金额补发收据或退费、

第三十四條 用戶所繳保押金非經撤表不得請求退還

請求退費

第三十五條 用戶撤表後得憑撤表憑證、保押金收據

及最後一個月電費收據、向本公司之管科處領

回保押金、如有欠費或須賠償損壞之器材、即

以原繳保押金作抵償、不足仍應追償

第三十六條 用戶撤表憑證如逾六個月未換保押金

收據向本公司主管科處繳驗請求退費撤表證件及保押金收據作為無效

第十一條 改裝修理

第三十七條 用戶屋內之電氣設備導線及其他材料如有本公司查

窃电漏电情形，本公司即通知其限期改装，逾期即停止

停电。

第三十八条 用户发现外线保险丝熔断时，应即通知本公司免费修理，其屋内电气设备有损坏时，应自雇水电工匠修理之。

第三十九条 用户擅加或改装电气设备，应由承装商商办讫后向本公司主管科处填具添装或改装声请单，据请查验，如未据验而与本公司计算电费有关，不论何时添装或改装，均自查觉之日起补算电费一年，其装表不满一年者，自装表起

总算、

第十二章 附则

第四十四条 本公司员工在用户检查或工作时如带有编号证章及外勤服务证，用户不得拒绝检查或阻碍其工作、

第四十五条 本公司对于处理窃电案件、遵照前中央建设委员会公布之电气事业人处理窃电规则及军政部内政部军事委员会建设委员会会颁之取缔军警政机关部队及其所属人员施用电流规则处理、

13

第四十二条　用户如装特种电气设备，经本公司函认可者，须另订专供用电合同。

第四十三条　本公司出租电表用具，另订章程办理。

第四十四条　本章程经本公司董事会决议，呈报经济部及重庆市政府核准后公布施行，修改时亦同。

4P

重慶電力公司用電檢查組辦事細則

第一章 總則

第一条 本細則依本公司組織規程第廿九条訂定之

第二条 本組直隸於總協理隨时與公司各部门取得联络

第三条 本組設組長一人副組長一人至二人檢查員交涉員各二人辦事員二人至三人就公司現有人員調派或另派之

第二章 檢舉及取締

第四条 本細則实施时应即挨户普通檢查一次此後每年至少普查一次

第五条 責成業務部份之抄表及檢驗收費人員為檢舉一切不合法用户之負責人以抄表員為絕对負責人檢驗及收費員為隨同負責人

第六条 廣事宣傳獎励密告優給獎金並对密告負責保守秘密

第七条 抄表檢驗及收費人員發覺不合法之用電应隨时填報本組處理

第八条　抄表檢驗收費人員未能發覺經人密告由本組查實者竊電日期按照情節輕重由總協理依據服務規則予應負檢舉責任者以各別之懲處或罰減其另報應得之獎金

第九条　本組接到檢舉人報告或密告應立即檢查處理至多不得超過三日

第十条　檢查或交涉之人員應態度和藹言語誠懇儘量設法避免與用户言语之衝突以表現忠實服務之精神

第十一条　檢查或交涉之人員應佩公司之证章並帶檢查证凭證先行出示用户证明身分

第十二条　用户有左列行為之一者經檢查屬實應即分別取締

(一)未经本公司裝置電表在公司所设线路上擅自接電者

(二)繞越電度表及其他計電器材損壞或改動表外之綫路者

50

（三）損壞或改变電表及其他計電器材之構造或以其他方法使電表及其他計電器材失效或不準者

（四）故意損壞電表及其他計電器材之外殼或其他保護物者

（五）損壞或偽造本公司所置封誌或封印者

（六）在電價較低之線路上私接電價較高之電器者

（七）其他以窃用電為目的之行為者

第十三条 執行取締時應帶同憲或警一人或憑当地保甲長拆除其户外接線並塡具檢查報告請用户簽蓋或覓取文件照片作証不得移動或拆除損壞用户屋内之電器裝置

第十四条 取締時如帶憲或警非必要時仍宜勿進用户屋内

第十五条 本公司職工用電一律檢查取締如違反職工用電規則概由 總協理加重處罰

第三章　赔款装表

第十六条　窃电用户赔偿电费标准如左

(一)按所装电灯电扇电热用其电动机及其他用电设备分别注有瓦特或马力数照各日用电六小时计算赔偿电费一年

(二)电红灯之电费其电力因数以百分之五十计算

(三)在窃电处所查获之电动机每一马力以八百瓦特计算其电灯每一灯光以一瓦特计算

(四)在窃电处查获灯座插座或接线头而未查获灯泡或电器者每个以五十瓦特计算照电灯价赔偿电费

(五)在低价线路上私接应付较高电价之电器者应以高价之电器照本条第(一)款计算电度作为用电总度数按高价计算电费但用户提出证明证实最近一年内实用度数少于上列计算所得之电度时

51

得以实用度数为准

(六)在窃电处所查获未证明用电数量之电器者得估计其用电数量

第十七条 赔款数额应于取缔后至迟两日内核计审定填发通知书及计算单由邮局挂号寄送用户(同时通知出纳股)限定接到通知后七日内自行送交公司出纳股掣取收据

第十八条 窃电用户如逾期不缴赔款即行派员带同宪或警一人前往催收如仍不理即移请宪军警机关法办或向法院诉追

第十九条 照缴赔款之用户经主管机关或总协理核准即由本组通知其向业务科或办事处办理装表用电手续成为本公司之正式用户

第四章 统计复查

第二十条 本组工作如查获窃电用户数已结未结情形已收未收赔款数目暨因此而公司减少损失之数目等均应按月造具统计月报送陈总协理

核閲

第二十一条 窃電用户尚未成為正式用户以前不論其已否繳清賠款或了结訴訟均应隨时注意複查檢舉以防其继续窃用

第五章 協助業務

第廿二条 左列情形之用户業務部份得移送本组办理

(一) 机关法團撤銷在三個月以上者

(二) 部隊撤离在三個月以上者

(三) 被炸或遷移在三個月以上確無法知其下落者

(四) 欠費在一年以上者

(五) 其他認為無法收取者

本组对於前項用户經量設法催收经过一定階段如確無法收取之户總月列作呆賬報由總協理提請董事會核銷

52

第廿三条　業務部份对於欠费用户应剪线停電而不能执行时本组应协同办理

第廿四条　有下落之欠费用户经業務部份通知送向催收不理时得移由本组報请治安机关法办或向法院诉追

第廿五条　賠款及欠费如有特殊原因非酌减收不可时必须经総協理之核准

第廿六条　用户因欠费被停用電一经收清应随即通知業務部份立予復火

第廿七条　自动移表之用户应由负责检举人随时跟踪其下落一面由公司呈報警告或報请治安机关通缉

第六章　節约用電

第廿八条　政府规定之節约用電办法指定本公司會同检查者应由本组按时派員随同认真办理不得玩忽

第廿九条　政府核定调節工廠用電时间之办法应由本组遵照规定办法认真执行

第三十条　经检举密告或任何人之告發因而追到賠款者照左列標準於实收款

额内提给奖金

告发以第一人为限如第二以下告发者特详因而增加收益或减少损失时临时由总协理酌核办理

告发人 百分之三十

本组人员 百分之十

协助执行宪警 百分之十

第卅一条 本组对于有表窃电用户不能检定时得请公司其他部份人员检定之检定者之酬金得照实收款额内提给百分之十

第卅二条 告发人检定人检举人及宪警之奖金或酬劳金均以户为单位于每户收清赔款后由本组发给通知付款单凭向出纳股领取

第卅三条 窃电用户之赔款如无法收取或豁免时告发人及检举人之奖金由公司酌给但须陈经总协理核定本组人员及宪警则不另给奖

53

第卅四条 業務部份不能收取之欠費移經本組收得者得在實收款額內提給經收人百分之一至百分之十之獎金由總協理隨時核定

第卅五条 無法收取之欠費已作為呆賬復經本組收得者得在實收款額內提給經收人百分之二十至五十之獎金由總協理隨時核定

第卅六条 本組員工之獎金由組長按各員工成績於月終製成分配表陳經總協理核定之本組工役不得給獎

第八章 懲罰

第卅七条 本組人員或公司員工有左列情事之一者一經查覺除照章開革外並送治安機關或法院法办

(一)包庇窃電或收受賄賂者

(二)售電營利者

(三)向用户敲诈勒索者

(四)侵吞赔款者

(五)私取用户器材者

第卅八条 本组员工具有左列情事之一者分别轻重予以记过扣薪停职等处分或酌减其应得之奖金

(一)奉派出外而阳奉阴违者

(二)检查窃电之结果而经人告发或经他员查获确系窃电者

(三)不能收取之欠费经另派员得收者

第九章 附则

第卅九条 本细则如有未尽事宜由总经理以命令行之

第四十条 本细则经总经理核请董事会决议之日施行

重庆电力股份有限公司关于检送重庆电力股份有限公司营业章程致重庆市政府的代电（附章程）（一九四四年五月二日）

0219-2-185

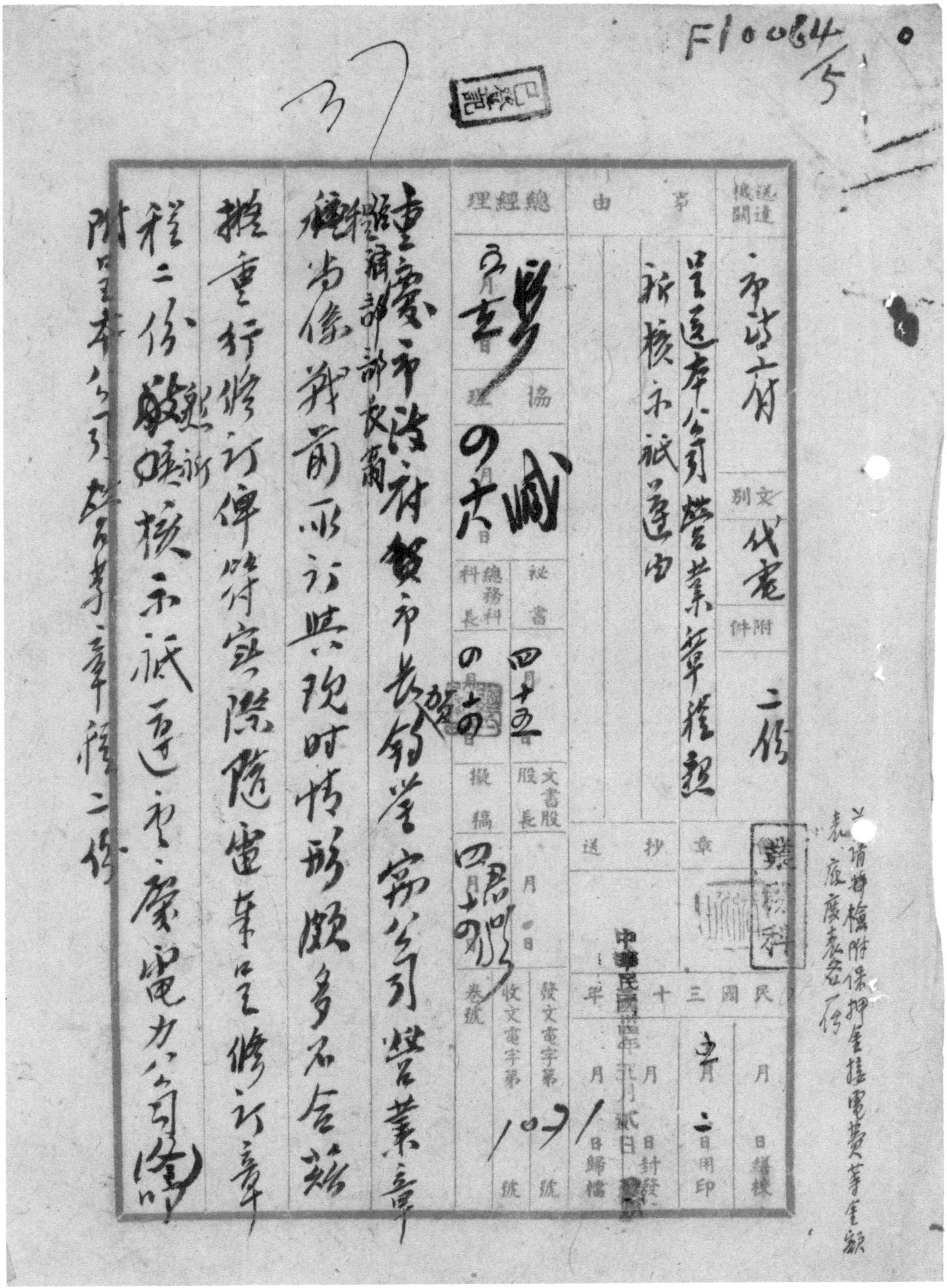
送達機關：市政府
文別：代電
附件：二份
事由：呈送本公司營業章程請核示祇遵由

重慶市政府賀市長鈞鑒：密。本公司營業章程係戰前所訂，與現時情形頗多不合，茲擬重行修訂，俾符實際，隨電呈修訂章程二份，敬祈核示祇遵。重慶電力公司叩

附呈本公司營業章程二份

38

業務科及三辦公處通知

查本公司營業章程修訂提請三十四年六月二十日第八十五次董事會議通過除呈請經濟部市社局核定外暫先實施特此通知此致

業務科
南岸
江北　辦公處
沙坪壩

總經理劉○○
協理程○○

中華民國卅四年五月貳日

附發本公司營業章程　份

3P

周見三

康心如

梁平甫 十六

杜梅(?)(?) 十七

徐廣遲 (?) 三月七日

潘昌猷

楊粲三 志定代

重慶電力公司營業章程

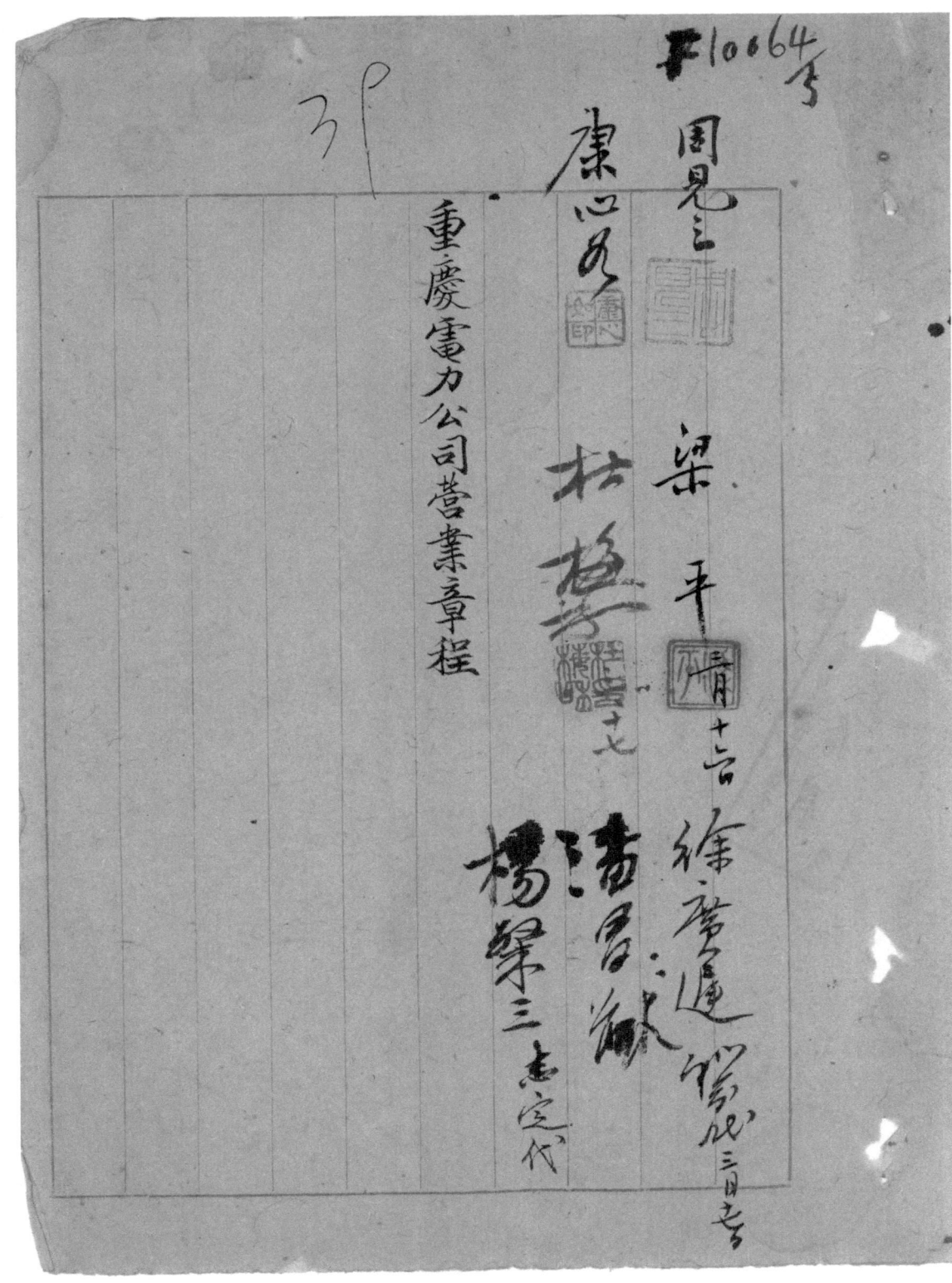

40

重慶電力公司營業章程

第一章　總則

第一條　本公司營業悉依本章程辦理、

第二條「營業種類」　本公司業務如左、

甲　電氣供給

一、「電燈」　凡以電為照明之用、及太陽灯愛克斯光電風扇放映機等均屬之、

二、「電力」　凡以電力為原動力之用者屬之、但以電動機拖動發電機發電、或以交流機變電而用以照明、及使用屬于電燈類之電器、或其原動力不足一匹馬力、及以單相電力充電或收發報機

使用単相電力在一瓩以下者、均屬於電燈、

三、「電熱」 甲、「普通電熱」凡以電爲烹飪取煖之用及其他家用電器均屬之於普通電熱、其

乙、「工業電熱」凡以電爲熔焊煉冶烘焙等工作之用者屬之於工業電熱、

乙、代用戶設計及裝置各種電器設備、

丙、出租電氣用具、

第三條「停電」 本公司日恒供電但遇有左列情事、概不負停電責任、

一、用戶用電不慎、發生災患而致停電者、

二、因發電供電設備發生故障、呈奉主管機關核准停電者、

41

三、因發電容量不敷供應、呈奉主管機關核准停電者、

四、其他因意外事故或因工作之必要、無法避免而致停電者、

凡五停電時期在十二小時以上者、先期登報公告、

第二章 供電方式

第四條「電壓」 本公司供電方式、為三相交流五十週波輸電之壓暫定為一萬三千八百伏及五千二百五十伏、用電之壓定為三相（電力）三百八十伏、其裝見不足一匹馬力者得用單相（電燈）及單相二百二十伏兩種但有特殊用電情形、經本公司認可者、得用其他電壓、

第五條「起動設備」 電動機在十匹馬力以下者、得用鼠籠式、超過十馬（匹）力者、須用滑圈式或經本公司認可之其他式樣之電動機、其五馬（匹）力

以上之電動機、須裝置適當之起動設備、如單捲降壓起動器及Y△開關等務使在定額電壓下之起動電流、不致超過其全負荷電流之二倍半、

第三章 添放桿綫及加裝變壓器

第六條「添桿放綫」 用户在本公司桿綫未達到之處聲請用電者、應先向本公司業務科或各辦事處（以下簡称主管科處）填具添桿放綫聲請單、經查勘估計後、即將可能添桿放綫通知單通知原聲請户於一個月内持單向主管科處照繳供電綫路工程設備補助費、如經查勘認為工程困難、或因器材缺乏無法办理時、得拒絕接受聲請、將不可能添桿放綫通知單通知原聲請户、

第七條「加裝變壓器」　用户聲請加裝變壓器、聲明不屬專用者、公司按其所需KVA收取補助費、其屬專用者、變壓器應由用户自備、如聲請由公司置備時、應由用户先行繳付補助費、

第八條「桿綫變壓器補助費」　添桿放綫及加裝變壓器（包括一切附屬器材）之補助費、按市價七成加工費計算、必要時得呈請主管機關改訂之、

第九條「改放桿綫補助費」　用户聲請供電、因本公司原設桿綫不能負担、必須改換桿綫方能供電者、其補助費以新設備之總價、扣除撤換器材之殘餘價值、其增加部份工程設備補助前条之七成加工費計算、

第十條「補助費負擔」　同一地段內如有二户以上同時聲請添桿放綫、其工程設備補助費、應由各聲請户照用電量分攤、如係先後聲請、

最先聲請户不得要求後接用户或本公司分担其已交補助費、

第十一條「桿線變壓器產權」 本公司添設及改設之桿線或加裝之變流器及其附屬器材雖經向用户收取補助費其所有權仍屬本公司、得由本公司在是項桿線上供給其他用户原繳付補助費之用户不得干涉、

第四章 内線裝置

第十二條「屋内電器裝置」 用户屋内之電器裝置、應由經、重慶市政府註冊之承裝電器商店辦理、經本公司認可者、得由用户自辦或委託本公司代辦、如查有用户不依此規定或不遵前中央建設委員會頒布之屋内電燈線裝置規則及重慶市政府頒布

之電氣裝置取締規則之規定辦理者、本公司得拒絕接電、

第十三條「取締轉供」 本公司如查有用户轉供電流與不同屋之人使用者、得撤回表線、停止供電

第五章 接電手續

第十四條「報裝」 户主或承裝商店于内綫裝竣後、向本公司主管科處填具報裝請驗單經檢驗合格、即將檢驗合格通知单通知原請驗户、於一個月内持单向主管科處照繳電度表押金用電保証金(以下簡称保押金)接户器材補助費及接電費、本公司於收款後三日内派工裝表接電、(遇天雨例假或其他意外事変不在此限)如檢驗認為不合、即將改正通知单通知原請驗户、經照改竣後、再報請復

驗、仍認為不合即通知再改至合格為止、報請復驗至二次以上時、

每次應由承裝商店照繳復驗費、

第十五條「保押金及接電費」　前條保押金及接電各費、遵照主管機關核定

金額收取、但臨時用電用戶須加倍繳付（保押金接電費等金額表附後）

遇有修改時、登報公告之、

第十六條「接戶器材補助費」　用戶裝用之電表及自附近電桿起至電表止

之接戶器材、遵照主管機關核定由公司供給、照價收取補助費、如

遇本公司器材缺乏不能供給時、得拒絕接電、如用戶自備有接

電器材、經本公司認為合用者、可由本公司收購、仍照前条收取

補助費、

44

第十七條「電力電熱裝表」用户如未经向本公司聲請安裝電灯表者，不得聲請供給電力、或電熱。

第十八條「保護接户器材」本公司裝于用户用電地址之電表，並附屬設備及其他接户器材，用户負有保護之責，如有損壞或遺失，須照市價賠償。

第六章 換表移表驗表及過户

第十九條「換表」用户裝用電表後，擬變更電氣設備，改裝較大或較小之電表時，應於内线改裝工竣後，攜帶印章向本公司主管科處填具改表聲請單，经檢驗合格後，即將可能改表通知單通知原聲請户，於一個月内持单及原繳保押金收据向主

管科處照補或照退保押金、並照繳換表費、本公司當即派工撤換、如檢驗認為不可能時、即不可能改表通知單通知原聲請戶、

第廿條、「新址移表」 用戶擬將原裝電表移至新址時、應先向本公司主管科處填具撤表遷移聲請單、並結清電費、再持同原址撤表憑証及原繳保押金收据、向主管科處照本章程第十四條規定辦理報裝手續、用戶收到檢驗合格通知單時、應即向主管科處繳清各費、（原保押金數額抵繳現款）

第廿一條、「原址移表」 用戶擬將原裝電表於同一屋內遷移處所時、應先向本公司主管科處填具屋內移表聲請單、經檢驗合格、

即將可能移表通知單通知原声請戶於一個月內持單向主管科處照繳移表費、其須加添材料者、並照繳材料補助費、本公司於收費後二日內派工移表、（遇天時例假或其他意外事變不在此限）如檢驗認為不便遷移、即將不可能移表通知單通知原聲請戶

第廿二條「驗表」 用戶如認為所裝電表不甚準確、得隨時向本公司主管科處填具校表聲請單、照繳校表費、本公司對于單相表得派員赴用戶處校驗、三相表須撤回校驗、電表經校驗後、其快慢在百分之二以內者、以準確論、不退還校表費、如快慢超過百分之二、即按所得之準確百分數計算、退還或補收最近一個月電費之差額、並退還校表費、如

電表發生故障、無法計算更正電度時、應照最近三個月平均實用電度更正電表失效〔靈〕期間電費、其裝表未滿三個月者、應照用電後三個月實用電度平均更正電費、其裝表未滿一個月者、應照裝表後一個月內每日用電平均度數按日更正電費、

第廿三條「過戶」 用戶所裝電表擬過讓新戶時、應由新戶邀同原戶攜帶保押金收据最近三個月電費收据及印章、向本公司主管科處填具過戶聲請單繳清欠費、並照繳過戶手續費、否則原戶如有欠費及其他責任、概由新戶負担清理、

第七章 電價（底度及臨時用電）

第卅四條「電價」 本公司收取用戶電費、遵照主管機關核定電價計

46

算（電价表附後）遇有修改時，登報公告之。

第廿五條「底度」 用户装用電表後，如未用電或每月用電不及底度，均應照底度算付電費，超過底度者照實用電度計算（底度表附後）遇有修改時，登報公告之。

第廿六條「臨時用電」 臨時用户以三安培為最小電表量，用電時間以一個月為限，電費照核定電價加百分之廿計算，底度照附表加倍計算。

第八章 抄表及收費

第廿七條「抄表」 本公司每月定期派員至各用户抄表一次，計算所用電度，記載於抄表紀錄卡片上，以便用户隨時核算。對於餐館旅

館茶館戲院及其他公共娛樂場所、得酌量情形、每半月或每月抄表收費一次、

本公司派員赴用户抄表時、如遇門鎖閉、無法抄錄、即致函約期、如到期仍無法抄錄、亦無復函、即派工剪綫、停止供電、並設法收回電表、追償欠費、

第廿八條「收費」 本公司抄表後、派員持正式收據向用户收取電費、如用户當時未能照付、即由該收費員通知應付金額、剋日前来公司交付、逾期再行催收、

用户電費經催收仍未付清時、由本公司寄發催費通知單、限期前来繳付、如再逾期、即派工剪綫、撤表、並追償欠費、

47

用户電費須一次付清、取得本公司正式收据為憑、如未取得正式收据或取得收費員所給臨時收据者、概作無效

第九章 撤表及復火

第廿九條「撤表」 用户自動請求撤表、應于三日前隨帶印章保押金收据及最近一個月電費收据、向本公司主管科處填具停電撤表声請單、即派工撤除、

第卅條「復火」 用户自動請求撤表或因欠費暨其他違章情事致被撤表後、如欲復火用電應於一個月內持撤表憑証保押金收据及最後一個月電費收据、向本公司主管科處填具復火声請單、照繳欠費及復火費、逾期即照新户報裝办

理、

第十章 補據及退費

第卅一條「保押金補據」 用户遺失保押金收據時、應即向本公司主管科處填具掛失聲請单、照繳掛失手續費、隨覓殷實舖保簽具本公司製發之掛失補據保单、並登報聲明、經本公司對保查實後、即照原繳金額補發收據或退費、

第卅二條「退費」 用户所繳保押金、非經撤表、不得請求退還、用户撤表後、得攜同撤表憑証、保押金收據及最後一個月電費收據、於六個月內向本公司主管科處領回保押金、如有欠費、或須賠償損壞之器材、即以原繳保押金作抵、有餘退

48

遠、不足仍應追償、

用户已付電費如事後發現計算錯誤、確有多付情事、應持原電費收據前來本公司業務科声請照退、如本公司發現計算錯誤確有少收情事、亦應向用户補收、

第十一章 内線檢查及修理

第卅三條「檢查」 用户屋内之電氣設備導线及其他材料、應隨時自行檢查、設法整理、本公司查有腐壞漏電情形、即通知用户限期改善、逾期得停止供電、

第卅四條「修理」 用户屋内電氣設備有損壞時、應自行修理、如發現屋外總保險絲熔斷時、應即通知本公司免費修理之、

100

第十二章 附则

第卅五條 本公司員工至用户檢查或工作時，如帶有編號證章及外勤服務證，用户不得拒絶檢查或阻碍其工作。

第卅六條 用户經本公司同意，得另訂用電合同。

第卅七條 本公司出租電器用具，另訂章程辦理。

第卅八條 本章程經本公司董事會决議，呈報重慶市政府核准後公布施行，修改時亦同。

重庆电力股份有限公司关于抄发用电审查委员会组织规程、用电标准及管理用电办法给各科、处、组等的通知（附组织规程、用电标准、管理用电办法）（一九四四年九月十四日） 0219-2-188

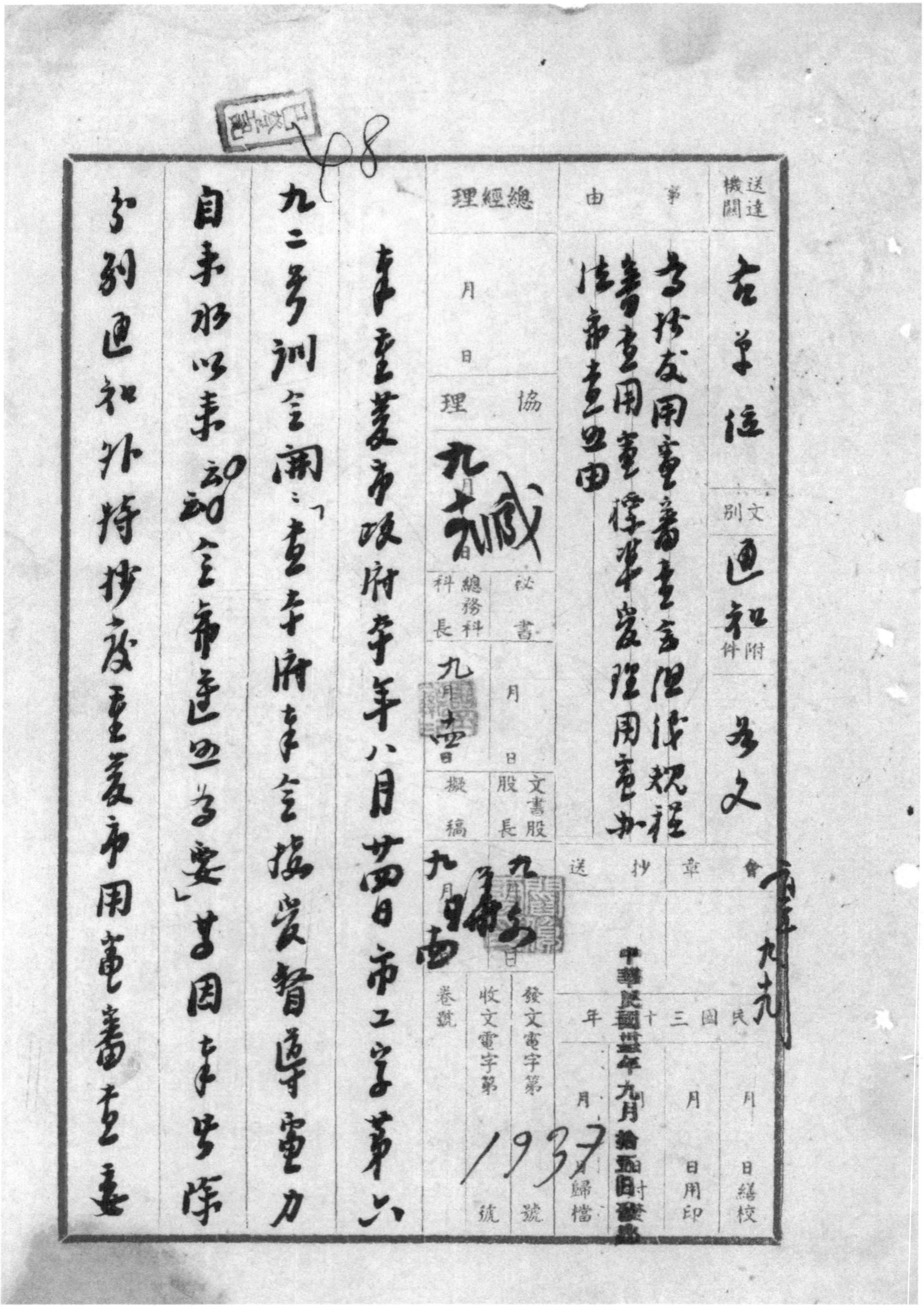

送達機關：各單位
事由：為抄發用電審查委員會組織規程暨審查用電標準管理用電辦法希查照由
文別：通知
附件：如文
總經理
協理
秘書
總務科科長
文書股股長
擬稿
會章抄送
中華民國卅三年九月拾四日發出
發文電字第 號
收文電字第 號
卷號
1937

案奉重慶市政府本年八月卅日市工字第六九二号訓令開：「查本府本會揭發督導電力自來水以來……全市遵照為要」等因奉此除分别通知外特抄發重慶市用電審查委

奉電經濟規程之表市營業用電標準之表

市管理電力和法令以濟（布印）運輸之四步驟

（存件緻密）

附件各文

協理程孚

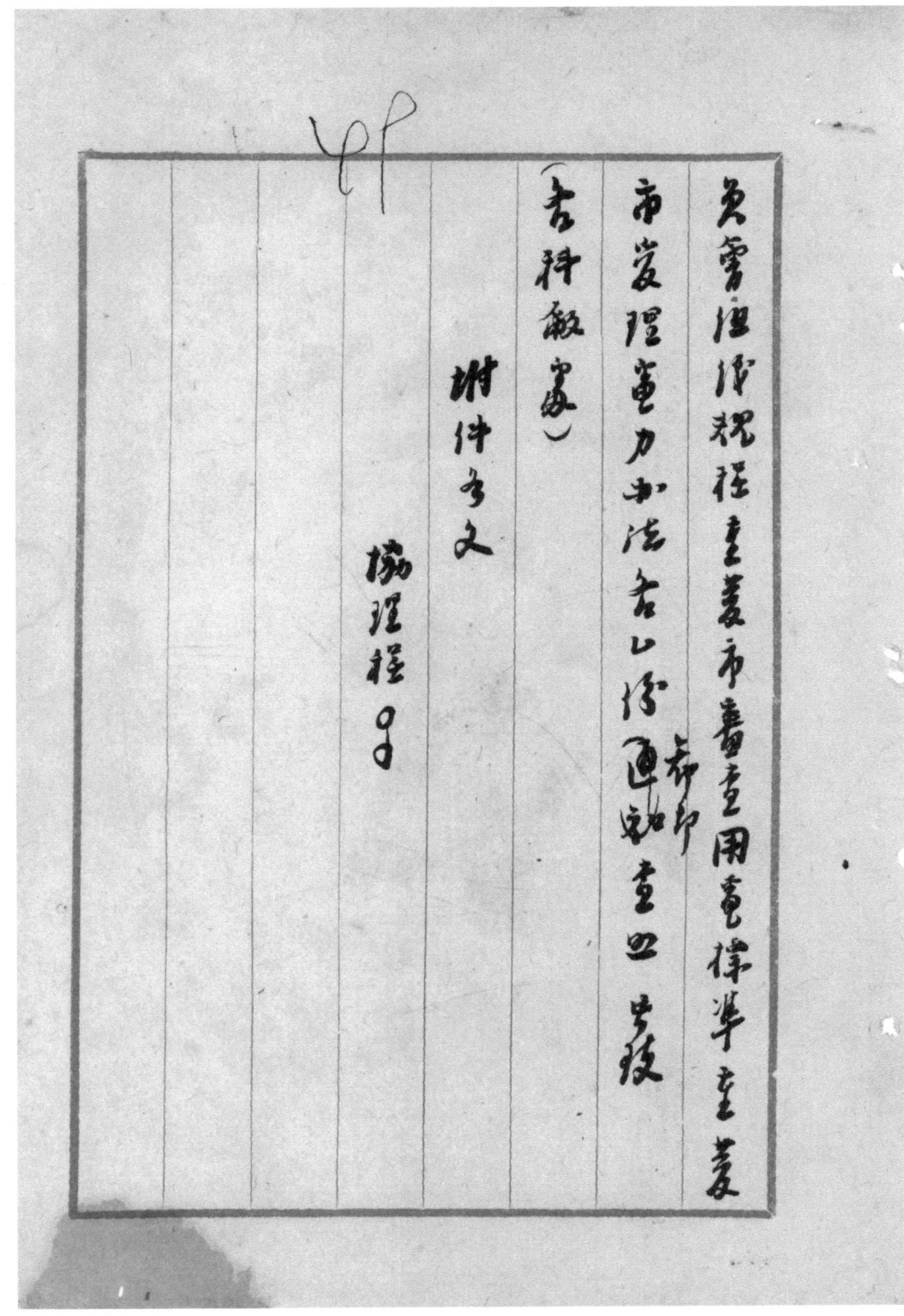

53

重慶市用電審查委員會組織規程

第一條　在重慶電力公司供電能力不充裕時得設立用電審查委員會審查申請用電各用户

第二條　本委員會以市工務局主任秘書第二科科長水電股主任技術室主任及電力公司代表共五人組織之以市工務局主任秘書為主席

第三條　本會規定每月在工務局開審查會二次如主席因事不能出席得請其他一委員

代理

第四條　本會應將每次審查結果送請工務局長提出市政會議決定

第五條　凡經核准之用户均由工務局批辦齊稿令飭電力公司安裝

第六條　本組織規程自呈准之日施行

重慶市審查聲請用電標準

第一條　在重慶電力公司供電能力不充裕時得設立用電審查委員會審查申請用電各用户

第二條　本委員會以市工務局主任秘書第二科科長水電股主任技術室主任及電力公司代表共五人組織之以市工務局主任秘書為主席

第三條　本會規定每月在工務局開審查會二次如主席因事不能出席得請其他一委員

代理

第四條　本會應將每次審查結果送請工務局長提出市政會議決定

第五條　凡經核准之用戶均由工務局擬辦府稿令飭電力公司安裝

第六條　本組織規程自呈准之日施行

51

重庆市审查声请用电标准

一、本市各工厂申请接用电力时，得按其用电性质及情形依照左列各项顺序予以审查

(1) 兵工军需
(2) 电台
(3) 钢铁及冶炼
(4) 液体燃料
(5) 印刷（限印法币）
(6) 纺线（纺纱厂装有大型机或印度纱锭者线布厂装有线布机五十部以上者）
(7) 面粉
(8) 电化电解
(9) 交通器材
(10) 药品制造
(11) 机器（工部机在二十部以上者）
(12) 电工（工作机在五部以上者）
(13) 化学产品（确系急需者）
(14) 其他必要工厂

二、前条以外之工厂申请接用电力时得俟本市供应

能力斟酌予以審核。

三、第一條所列各廠申請用電其核准數量及時間得加以限制，如數量超過電力公司供電能力得暫緩核准。

四、各機關團體及工廠申請接用電燈者得按其性質及實際用電情形酌予審查，如必要者暫緩核准。

五、各商店住戶及各機關宿舍者申請接用電燈者暫緩核准。

六、本標準自呈准之日施行。

52

重慶市管理電力辦法

一、本市管理電力除中央有明文規定者外悉依照本辦法辦理

二、重慶電力公司（以下簡稱該公司）新訂之各種規章應呈送市府核准後施行

三、關於業務方面

(甲)該公司因收支失衡業務維持發生困難時得呈由市府會同經濟部核轉行政院調整電價

(乙)該公司應於每月上旬將上月業務及財務月報呈送市府備查

(丙)該公司業務之發展須徵購地皮時本府得予以協助

(丁)該公司因故須停止供電在十五日以内應呈請市府核准經過十五日應呈請市府核轉行政院批准但臨時發生障碍得於事後呈報市府

(戊)在該公司電力不够分配時所有申請安裝電灯電力之新用户均須報由重慶市用電審查委员会審查通過并经市政会议核准後方能办理

四、關於技術方面

（甲）該公司如有新建工程須先將工程計劃說明書及預算呈送市府核准後方能施工，但工程較為重大者由市府核轉行政院批准施行

（乙）如有緊急工程需款甚鉅，該公司無法籌措時，擬具計劃書及預算呈請市府核轉行政院批准撥借款項以資進行，施工時由行政院派員會同市府派員監督工程之進展

（丙）供電區域內如有線路不良，得由市府分別情形令飭改善

（丁）如因技術改良需用外來材料時，市府得設法予以籌置，及發達之便利或須組用其他工廠剩餘器材時，市府得予以協助

（戊）該公司應將上月之工程、煤質、煤量等月報於下月上旬呈送市府備查

（己）該公司對於各工廠購電及售電應隨時呈報備查

五、關於節約發理方面

（甲）經常檢查節約用電由電力公司會同電警辦理

（乙）定期檢查節約用電由市警工兩局派員會同電警及電力公司所派人員辦理，由警察局主辦

（丙）對於該公司取締竊電市府得予以協助

六、本辦法自呈准之日施行

重庆市电气承装业管理规则（一九四七年九月三十日）　0219-2-186

57

重慶市電氣承裝業管理規則

第一條　凡在本市經營電氣承裝業無論其為商店或其他類似之組織均須依照本規則之規定辦理

第二條　本市電氣承裝業執照分甲、乙、丙三等

甲等：凡請領甲等電氣承裝業執照者須具下列各項資格

(一)技師：負責辦理電氣承裝事項之技師須執有中央主管部會頒發之電氣技師執照者

(二)資本：須有三百萬元以上之資本並有固定營業地址者

(三)電匠：所用之電匠須執有公用局發給之電匠執照

(四)舖保：須具有資本叁百萬元以上之舖戶保證

乙等：凡請領乙等電氣承裝業執照者須具下列各項資格

(一)技師技副：負責辦理承裝電氣事項之技師技副須執有中央主管部會

領發之電氣技師或電氣技副執照者

（二）資本：須有式百萬元以上之資本並有固定營業地址者

（三）電匠：所用之電匠均須執有公用局發給之電匠執照

（四）舖保：須具有資本式百萬元以上之舖户保證

丙等：凡請領丙等電氣承裝業執照者須有下列各項資格

（一）技術負責人：曾經公用局考驗及格并領有執照之電匠

（二）資本：須有五十萬元以上之資本并有固定營業地址者

（三）舖保：須有資本五十萬元之舖户保證

第三條　凡電氣承裝業領有丙等執照者不得承裝五十萬元以上之電氣工程領有乙等執照者不得承裝式百萬元以上之電氣工程

第四條　電氣承裝業之領照登記手續如左：

58

先向公用局領取聲請登記表資金總額單據副申請單股東名冊及保證書依式逐項填寫經審查合格隨繳納保證金計甲等陸萬元乙等四萬元丙等貳萬元執照費甲等壹仟元乙等捌百元丙等陸百元印花費弍元持向社會局聲請商業登記

前項保證金得於請求停止營業取銷登記時申請公用局無息發還之

第五條　凡未經公用局及社會局發給證照者不得在本市經營一切電氣承裝事業

第六條　電氣承裝業為用户裝置電氣設備須遵照屋内電氣裝置規則辦理

第七條　電氣承裝業須售用新電料如有舊電料可利用時必須完好安全并經報請公用局派員查驗認可後方可使用

第八條　電氣承裝業所雇用之電匠均須執有公用局發給之電匠執照方得外出工作

第九條　電氣承裝業得酌用學徒但學徒不得單獨外出工作

第十條　電氣承裝業遇有遷移地址時須分別呈報公用

587

局及社會局備查

第十一條 電氣承裝業對於所雇學徒及電匠應負監督之責倘經發覺代替用户竊電或其他不法行為應受連帶處分

第十二條 電氣承裝業遇有更換牌號及更換負責人或內部組織時應繳銷舊有照証換領新照證

第十三條 電氣承裝業遇有電匠解雇時須呈報公用局備查在呈報以前該電匠一切行為仍由該承裝商負責

第十四條 已領照之電氣承裝業如違背左列情形之一項時公用局得依情形之輕重予以暫行停業或吊銷執照並得沒收其保證金之一部份或全部份等處分

(一)私自代非用户接電者

(二)私自代未經公用局核准之用户承裝電氣設備及與公用局核准情形不符者

(三)填報營業及工程情形與實際不符者

(四)執照遺失或組織變更不即行聲請補發或換

照者

（五）承装工作不遵照屋内電氣裝置規則辦理者

（六）經售不合格之劣料或未經驗可之舊料或禁止使用之電料者

（七）雇用之電匠及學徒有擅為接電或協助及通同用户竊電經查明屬實者

（八）包庇未經領照之電氣承裝商人或無執照之電匠營業者

第十五條　本市公私用户用電無論其電量之大小其裝置為電灯馬達電焊及其他電力電熱電化等均須先由承裝商（或用户）向公用局申請經審查核准發給「用電（核准）通知單」後方得裝置

第十六條　電氣承裝商於每項工程完竣應報請公用局會同電力公司派員查驗認可給証後方得接電

第十七條　電氣承裝商應於每月上旬内依照公用局規定表格辦上月份營業月報表及工程等月報表填報公用局備查

第十八條　本修正規則自市政府公佈之日起施行

（本規則每份收工本国幣　元）

重庆电力股份有限公司章程（一九四八年四月二十八日） 0219-2-103

重慶電力股份有限公司章程

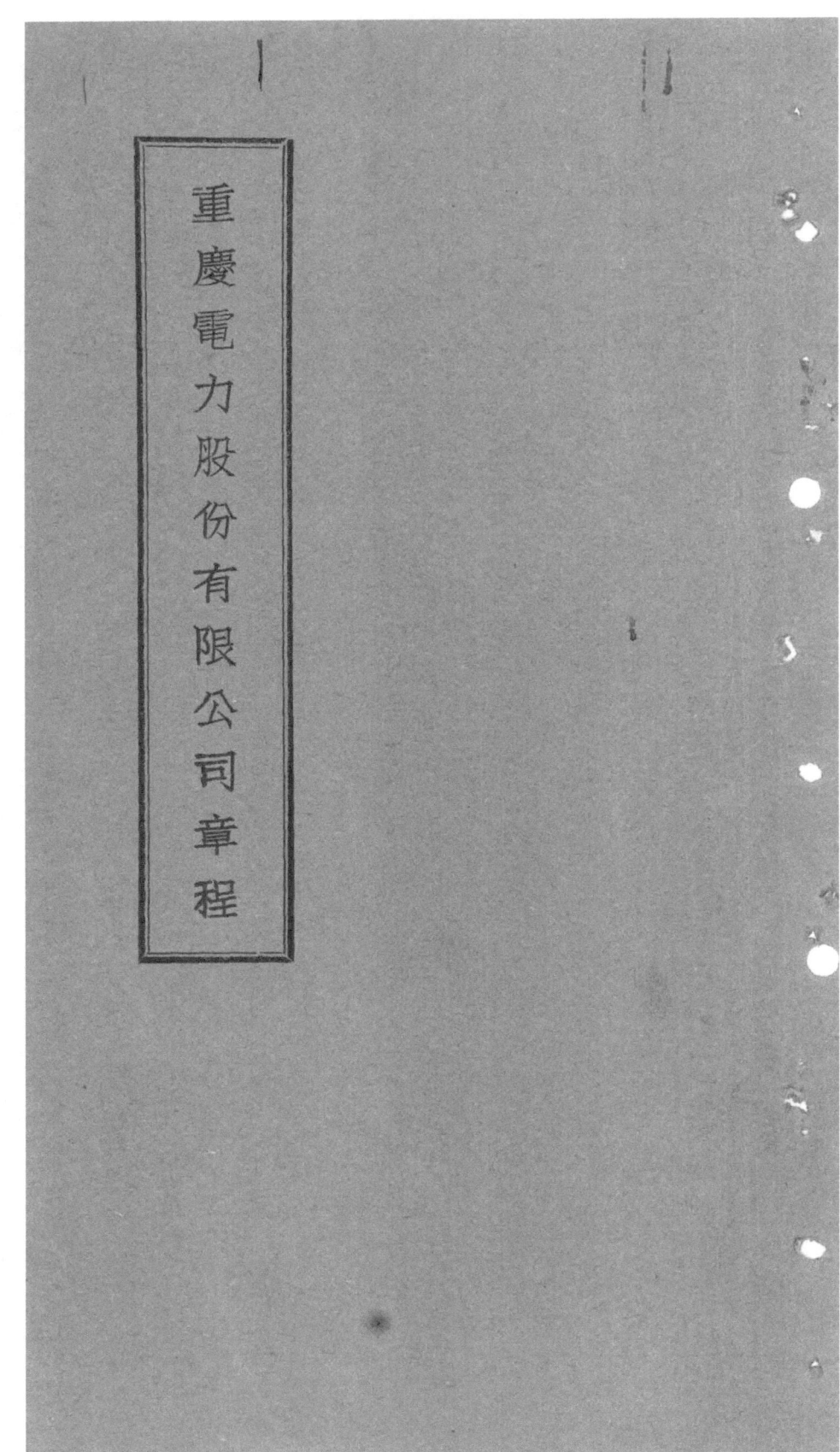

重慶電力股份有限公司章程

三十七年四月二十八日股東會修正通過

第一章 總綱

第一條 本公司奉重慶市政府命令發起集資創辦復經市政府核定價格立約收買前燭川電燈公司繼承其各項產業及專營權利依法呈請建設委員會及實業部備案

第二條 本公司專售電光電力電熱於重慶市區域內有專營權他人不得為同業之競爭如受用戶之要求並得於巴縣江北兩縣境內推廣營業

第三條 本公司依照公司法股份有限公司而組織故定名為重慶

四川省政府財政廳印刷所代印

電力股份有限公司自刊圖記以昭信守

第四條　本公司廠址設重慶市新市區大溪溝公司營業地址設重慶城内

第五條　本公司營業年限定爲二十年期滿得繼續呈請展定

第二章　股份

第六條　本公司股本總額爲國幣貳百萬元以壹百元爲一股共計貳萬股

第七條　本公司股本除由重慶市政府認入官股叁千股外餘由發起人認募足額

第八條　本公司股本概以現金一次繳納不得以勞力及財產作股

第九條　本公司股票爲記名式分一股十股一百股三種各附息單爲支取息金之據

第十條　凡股票之過戶依公司法一百一十七條一百二十四條辦理但不得轉賣於非中國人在開股東會前一箇月内及開會期中不得過戶

第三章　股東及發起人權利

第十一條　股票如有遺失應將號數報明公司一面自行登報三月如無支節再由公司換給新票

第十二條 本公司開股東會時到會股東每一股有一議决權在十一股以上者每二股有一議决權如入股數及代表股數過多者其議决權不得逾全股總數五分之一

第十三條 股東入股至四十股者有被選董事權十股者有被選監察人權

第十四條 本公司發起七人其名字住址如下潘仲三住重慶曾家岩植廬劉航琛住重慶白象街一百二十四號石體元陳懷先均住重慶曾家岩誠實山莊康心如住重慶定遠碑十二號傅友周住重慶小較場逸公祠胡仲實住重慶蹇家橋四十

八號

第十五條　前條之發起人經股東會議决每年於純益内提百分之五
作爲永遠酬勞金由七人平均分受另立執券爲據

第四章　組織

第十六條　本公司設董事九人由股東記名投票公舉八人代表股東
由重慶市政府指派一人代表官股

第十七條　由各董事互選董事長一人常務董事四人董事任期三年
期滿得連舉派連任

第十八條　本公司設監察人五人由股東記名投票公舉四人重慶市

四川省政府財政廳印刷所代印

政府指派一人任期一年期滿得連舉派連任

第十九條　本公司設總經理一人如業務發達時得添設協理一人由董事會聘任辭退時亦同

第二十條　本公司設總工程師一人由總經理聘用函董事會備案

第二十一條　本公司設左列各科

一總務科　設科長一人科員若干人

二會計科　設科長一人科員若干人

三業務科　設科長一人科員若干人

四工務科　設科長一人工程師科員工匠若干人

第二十二條　工務科長得由總工程師兼任各科於必要時得添設副科長一人並得酌用僱員及練習生

第二十三條　各科長員由總經理委用函報董事會備案

第五章　權責

第二十四條　董事長常務董事均得代表公司主持一切事務但有重大事件關係公司全部利害者須由董事會會議決之

第二十五條　董事會議每月至少須開一次其開會日期由董事長決定七日前通知

第二十六條　監察人得單獨執行監察公司財產帳據營業情形

四川省政府財政廳印刷所代印

第二十七條　總經理協理承董事會之意旨担任公司完全責任並考核進退各級職員

第二十八條　各科服務規程由總經理擬定交董事會議決施行

第六章　經費

第二十九條　各董事監察人之薪金由股東會決定總經理以下各級職員之薪金由董事會決定

第三十條　本公司經常費用由總經理製定預算函交董事會議決臨時費用隨時條交董事長或常務董事決定

第七章　利益之分配

第三十一條　本公司股東官息定為每年八釐

第三十二條　本公司每年總結算時所有利益除一切開支提存財產折舊及公積金外餘存純益按百分率比例分配以五分酬勞發起人五分酬勞董監二十分酬勞辦事人七十分為股東紅利

第八章　股東會

第三十三條　本公司每年開股東大會一次於總結算後由董事會召集之

第三十四條　本公司於必要時經董事會之決議或有股本總數二十分

四川省政府財政廳印刷所代印

之一以上股東之請求者均得召集臨時會

第九章　附則

第三十五條　本公司之公告方法除以書面通知外並指定重慶商務日報濟川公報隨時登載公布（有名報紙兩種以上）

第三十六條　本公司供給電氣章程悉遵部頒取締電氣事業條例規定呈由主管官署備案

第三十七條　本章程未盡事宜悉遵公司法股份有限公司之規定辦理

第三十八條　本章程經股東會議決呈由主管官署核准施行修改時亦同

重庆电力股份有限公司组织规程（一九四八年六月十八日） 0219-2-226

重慶電力股份有限公司組織規程

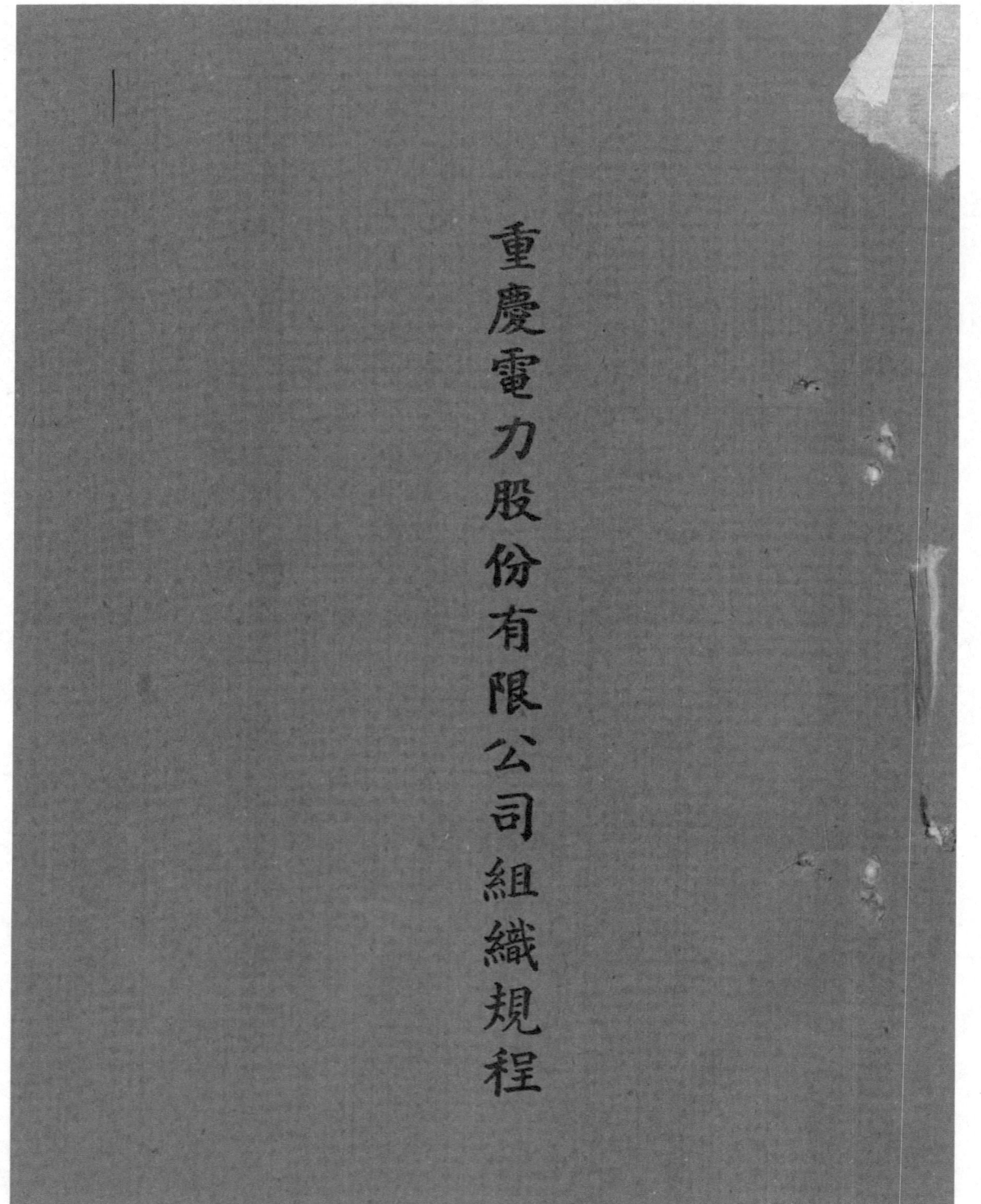

2

重慶電力股份有限公司組織規程

中華民國三十七年六月十八日
第一〇六次董事會議通過

第一章 總則

第一條 重慶電力股份有限公司(以下簡稱本公司)組織規程根據本公司章程訂定之

第二條 本公司設總經理一人綜理本公司全部事務設協理一人襄助總經理行使職務

第三條 本公司設總工程師一人秉承總協理負責處理工程事務

第四條 本公司設廠務科綜理廠務並分設第一廠於大溪溝第二廠於南岸第三廠於鵝公岩並於南岸江北沙坪壩各設辦事處

前項機構之增減移併視業務之繁簡與事實之需要由總經理提請董事會議決

第五條 本公司得應事實需要延聘顧問及專員

第六條 本公司於必要時得設立各種委員會其組織另訂之

第二章 總公司

第七條 本公司設左列各室科組

總工程師室 秘書室 稽核室 總務科 廠務科 電務科

業務科 會計科 用電檢查組

第八條 本公司組織系統如左

(另表)

第九條 總工程師室之職掌如左

一、關於各科組處有關工程之指示監督改進及審核事項

2-1

二、關於擴充工程之設計估值及工程進行期間之監督攷核事項
三、關於配購材料之建議及審核事項
四、關於工程設備單獨估計及審核事項
五、關於工程業務契約之審核事項
六、關於工程人員之指揮調遣考核事項
七、關於技術人才之聯絡及培育事項
八、其他關於工程事項

第十條 總工程師室得設主任工程師協助總工程師處理工程一切事務並得設工程師工務員必要時得由總工程師商承總經理臨時指調各科廠處人員辦理該室事項

第十一條 秘書室之職掌如左
一、關於印章之保管啓用及各室科組圖章之刊發事項
二、關於文電規章之收發編擬審核繕寫校對及保管事項
三、關於會議記錄通報事項
四、關於宣傳及編譯事項
五、關於職工進退升調考績之登記通告及其他有關人事事項
六、關於職工保證之考核事項
七、關於總協理交辦事項

第十二條 總務科之職掌如左

3

一、關於新工之領發事項
二、關於燃料材料物品之購運收發保管盤存及登記事項
三、關於房地產之管理事項
四、關於警衛之管理事項
五、關於一切庶務及不屬於各科室事項

第十三條 廠務科之職掌如左
一、關於所屬各廠有關工程之指示改進審核及報告事項
二、關於發電統計及成本計算事項
三、關於燃料水質之化驗事項
四、關於所屬職工之管理及編造工帳事項
五、其他關於機務事項

第十四條 電務科之職掌如左
一、關於各辦事處有關電務之指示改進審核及報告事項
二、關於通訊綫路及設備之施工管理及修理事項
三、關於輸電綫路配電設備之查勘設計估價及施工事項
四、關於綫路之管理檢查整理及修理事項
五、關於變壓器及配電設備之管理檢查及修配事項
六、關於用戶電表之校驗裝置及修理事項
七、關於用戶電氣設備之檢查及接電事項

301

八、關於所屬職工之管理及編造工帳事項

九、其他關於電務事項

第十五條 業務科之職掌如左

一、關於各辦事處有關業務之指示改進審核及報告事項

二、關於業務之接洽及推廣事項

三、關於業務之調查及統計事項

四、關於用戶記錄及抄表事項

五、關於電費之計算及經收事項

六、關於電料商號之註册事項

七、其他關於業務事項

第十六條 會計科之職掌如左

一、關於現金之出納及單據之保管事項

二、關於帳目之登記及預算决算之編造事項

三、關於服務事項

四、關於統計事項

五、其他關於會計事項

第十七條 稽核室之職掌如左

一、關於各項收支之審核及稽查事項

二、關於各項工程及材料稽核事項

4

三、關於各項契約行為之審訂事項
四、關於總協理交辦事項

第十八條　用電檢查組之職掌如左
一、關於無表及避表用電之取締事項
二、關於竊電用户應賠電費之計算及征收事項
三、關於有關竊電案件之交涉及訴訟事項
四、關於有關竊電之調查統計事項
五、關於欠費剪火之協助事項
六、關於本公司職工用電之管理事項
七、關於協助檢查憲警之調遣與連絡事項
八、關於所屬職工之管理及編造工帳事項
九、其他有關用電檢查事項

第十九條　各室設主任一人各科設科長一人組設組長一人秉承總協理辦事各該室科組事務並得視事務繁簡酌設祕書助理祕書副主任副科長副組長輔助主任科長組長辦理該室科組事務

第二十條　各室科設股處理事務每股設股長一人秉承該室主任該科科長副主任副科長分掌該股事務事務較繁之股得設副股長

第二十一條　各科組設工程師工務員科員見習視各該科組股事務之繁簡酌派之

第二十二條　用電檢查組因事務上之需要得分區設組檢查

第三章 各廠

第二十三條 各廠之職掌如左

一、關於發電設備之運用改進管理檢查及修理事項

二、關於燃料之節用報告事項

三、關於發電記錄事項

四、關於所屬職工之管理及編造工帳事項

五、其他有關廠務事項

第二十四條 各廠設股處理事務每股設股長一人秉承科長或副科長分掌該股事務

第二十五條 各廠設工程師工務員科員見習視各廠事務之繁簡酌派之

第四章 各辦事處

第二十六條 辦事處設主任一人主持該處事務事務較繁之處得酌設副主任

第二十七條 各辦事處之職掌如左

一、關於所屬區内業務之接洽推廣事務

二、關於所屬區内用户之記錄事項

三、關於所屬區内用户電表之裝置事項

四、關於所屬區内用户電氣設備之檢查及接電事項

五、關於委辦之電務工程事項

六、關於所屬職工之管理及編造工帳事項

5

七、其他關於處務事項

第二十八條　各處設股處理事務各股設股長一人秉承主任分掌該股事務

第五章　附則

第二十九條　各科室組處辦事細則另定之

第三十條　本規程提經董事會議决施行修改時同

重庆电力股份有限公司职工恤养规则（一九四八年六月十八日） 0219-2-257

重慶電力公司職工卹養規則

中華民國卅七年六月十八日第一六八次董事會通過

第一條 本公司職工卹養金分下列三種

一、撫卹金 二、贍養金 三、退職金

第二條 職工服務一年以上在職死亡時，除撥其最後二個月薪之額同薪之附加發給喪葬費外，並依下列標準核給撫卹金

服務年限	核給月數
1	1
2	2
3	3
4	4
5	5
6	6
7	8
8	10
9	12
10	14
11	16
12	18
13	20
14	22
15	24
16	26
17	28
18	30
19	33
20	36

上項撫卹金按其最後一個月薪之額同薪之附加計算，其服務廿年以後每多一年即加給三個月

第三條 職工服務十八年以上具有特殊勞績而在職死亡時，除按前條規定核給喪葬費及撫卹金外，得由經理提請董事會核給特別撫卹金

第四條 職工因公殉職時，除按本規則第二條所規定核給喪葬費及撫卹金外，並加給其最後一年薪之額同其薪之附加之撫卹金，其有特殊勞績或因冒重大危險救護本公司財產以致殉職者，得由總經理提請董事會核給特別撫卹金

第五條 撫卹金由死亡職工之法定繼承人具領

第六條 職工因公傷殘肢體經醫師診斷並由本公司察驗認為確

117

退不能任事令其退職者依下列標準按月核給贍養金之
一、服務廿年以上者退職時薪之額及薪之附加全數
二、服務十五年以上不滿廿年者退職時薪之額及薪之附加百分
之八十五
三、服務十年以上不滿十五年者退職時薪之額及薪之附加
百分之七十
四、服務五年以上不滿十年者退職時薪之額及薪之附加百
分之五十五
五、服務不滿五年者退職時薪之額（及薪之附加）百分之四十

第六條 職員因公死傷須由主管人將經過情形呈陳總經理查核

第八條 職員服務十年以上年逾六十五歲技工小工之役服務十年以上年逾六十歲精力已衰不堪任事自請退職或由本公司令其退職者得依下列標準按月核給贍養金之
一、服務廿五年以上者退職時薪之額及薪之附加全數
二、服務廿年以上不滿廿五年者退職時薪之額及薪之附加百
分之八十
三、服務十五年以上不滿廿年者退職時薪之額及薪之附加百
分之六十

118

四、服務十年以上未滿十五年者退職時薪金額及其薪金附加
百分之四十

第九條 職工年齡未逾六十而服務已滿廿年因精力已衰不堪任事自請退職或由本公司令其退職者得依上項第一款辦理
領膳養金之職工自退職之翌月起未滿三年死亡者得按本規則第二條之規定標準核給四分之三撫卹金三年以上未滿五年者核給二分之一撫卹金五年以上者不再給卹

第十條 領膳養金之職工應備具四寸半身照片二張繳由本公司核發取款憑摺二冊留存印鑑

第十一條 職工領取膳養金自退職之翌日起至死亡之日止支領時應由其親屬繳銷取款憑摺違者一經查覺即扣其當月之款須加息追還

第十二條 職工服務十年以上年逾五十五歲精力就衰不堪任事或年齡未逾五十五歲而身體衰弱不堪任事且有醫生證明自請退職或由本公司令其退職者得依下列標準一次核給退職金其有特殊勞績者得由總經理提請董事會另核酌加給

服務年限	10	11	12	13	14	15	16	17	18	19	20
核給月數	20	21	22	23	24	25	26	27	28	29	30

上項退職金按其最後一個月薪金之額同薪之附加計算其服務廿年以後每多一年加給二個月

第十三條 贍養金與退職金不得併給

第十四條 職工服務年限以實[illegible]在職之日起算其不滿一年之時數如在半年以上者以一年[illegible]其停薪留資者[illegible]但在職前後併計

第十五條 本規則經董事會議決施行修改時亦同

229

重慶電力公司新機建設委員會組織大綱

（三十八年三月二十二日臨時董事會通過）

（一）本公司承資源委員會合作增加五千瓩發電設備一套為求加強工作效率早日完成發電並與公司原有資產劃分性質起見特組織本委員會管理新機一切事務

（二）本委員會為達成上項任務依左列組織分組辦事以專責成

委員會……主任委員——設計組、工程組、財務組、事務組

（三）本委員會委員定為九人由總經理就本公司各有關單位高級職員中調任之委員及各組組長名單如次：

主任委員　副主任委員　委員

設計組長　工程組長　財務組長

事務組長

（四）主任委員綜理本委員會一切事務由副主任委員協理之

（五）設計組之執掌如左

（1）主持新機一切有關工程設計

（乙）核定新機工程計劃及工程組實施
（丙）監督並糾正全部建設工程
（丁）主持技術會議
（六）工程組之執掌如左
（甲）依照設計組核定之工程計劃主管新機建設一切工程之施工事宜
（乙）辦理新機到渝起卸事宜
（丙）督導材料股保管新機到渝器材
（七）財務組之執掌如左
（甲）主管新機建設一切有關財務事宜
（乙）辦理新機一切賬務事宜
（八）事務組之執掌如左
（甲）主管新機建設一切有關文書事宜
（乙）辦理新機工程一切庶務及物資供應事宜
（九）委員會開會時由主任委員主席主任委員因事缺席時由副主任委員代理之
（十）委員會開技術委員會時由設計組組長主席設計組長因事不能出席時由工程組組長代理之
（十一）各組召集組務會議時應分別通知有關委員列席
（十二）各組必須辦事人員就公司現有各部人員兼任或由主任委員臨時調派

重庆电力股份有限公司各厂、处、科担任技术工作职员过时工作奖励办法上程本臧的呈（附办法）（一九四九年七月四日）

0219-2-286

168

重慶電力股份有限公司職員公務報單

字第　號　民國卅八年七月四日

事由：呈擬本公司擬定各廠處科技術工作職員過時工作獎勵辦法簽呈鑒核准予施行由

竊查本公司供應全市動力用電，關係至鉅，在發電、供電、業務科及辦事處中擔任機件修配、線路維護等技術工作之職員，均係任重事繁，埋頭苦幹。若干年來，彼等除在規定工作時間努力服務外，時有延長工作至深夜一二小時者，而公司方面從未顧及彼等勞績，予以獎勵，渠等雖勞而無怨，亦從不有任何要求，然職等以主管人立場，似未便久甘緘默，爰於上月二十一日會報中提出，經詳討咸認為有予以獎勵必要，并議決着職等會同有關部門，擬定辦法簽報呈

鈞座核轉，茲將擬定獎勵辦法五條附呈，伏乞

鑒核

（蓋章）報

169

重慶電力股份有限公司職員公務報單

字第　號　民國　年　月　日

事由

鑒核賜予批准施行，以符公司奬功懲過之旨。

謹呈

總工程師吳　轉呈

代總經理程

附呈辦法一件

職
廠務科長易宗樸(?)　業務科副科長黎[illegible]
副科長[illegible]　[illegible]分公司主任何建白
劉[illegible]　江北分公司主任[illegible]博文
傅新傳(?)　沙坪[illegible]分公司主任張[illegible]
[illegible]

鑒核

（蓋章）報

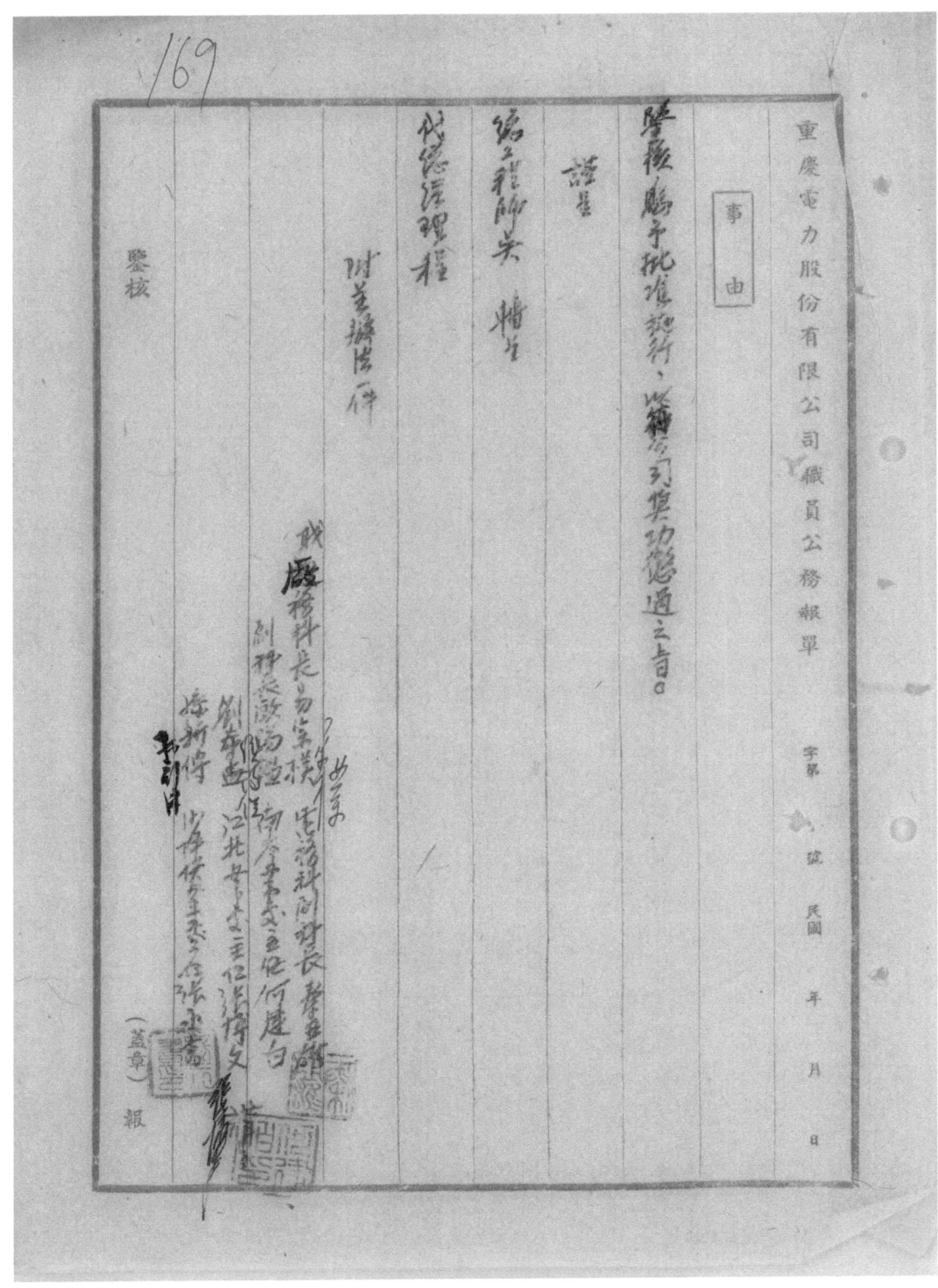

120

重庆电力公司各厂所担任技术工作职员逾时工作奖励办法

(一)本办法适用于各发电厂所及各办事处内担任机件修配及线路修护等技术工作之职员

(二)本办法仅适用于各该员在其规定八小时工作外增加工作时间在三小时以上者

~~(三)凡[illegible]一次逾时间工作符合(一)(二)两项规定者[illegible]2.5度~~

~~[illegible]奖励~~

(三)凡担任技术工作职员一次逾时间工作符合(一)(二)两项规定者，予以2.0度(以电价为准)发给等于金额之奖金。

(四)是项奖金须经各主管人核实于每半月造表具领之

(五)本办法自核准之日起施行

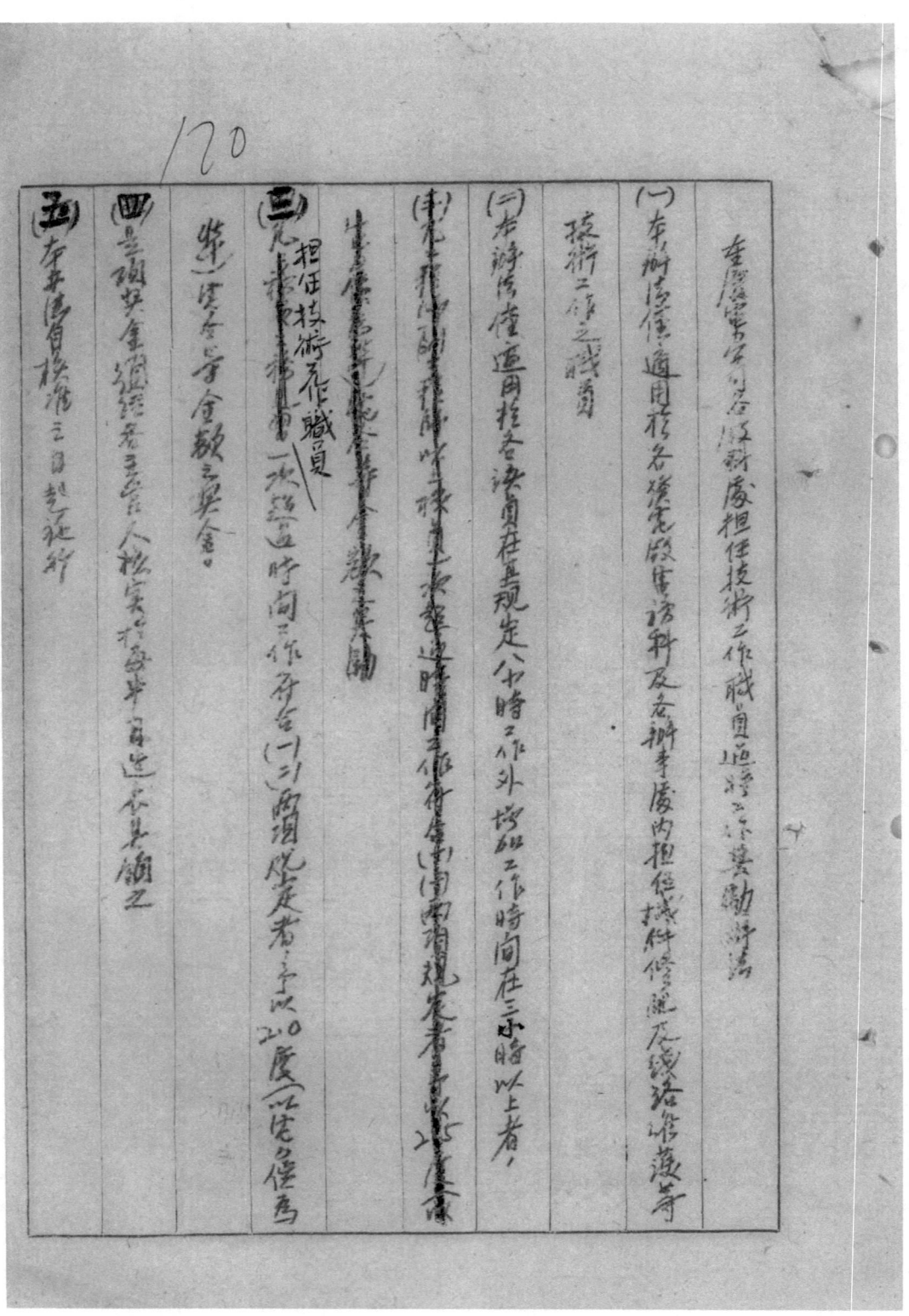

重庆电力股份有限公司各科室、组值日暂行办法（一九四九年九月十二日） 0219-2-312

中華民國卅八年九月拾二日發出

38 發文總字第1267號

12

重慶電力公司各科室組值日暫行辦法

一、本公司為便於辦公時間以外與各方加強聯繫及處理臨時發生之意外事件，保障公司安全起見，特訂定本辦法。

二、應派值日者除各部處長、各主管人員外，派定後由各級經理、協理、總務科指派，並由各委總公司職員由各科室組自行遴派，又發電廠由總務科指派及由各委室、會、轉發、現金、修理，總公司除各科室組分別值日外，每日另派各單位主管人員輪流擔任總值日，指揮一切，上列各單位主管人員為之，總秘書、秘書、稽核室主任、各組組長、副組長、各科科長、副科長、檢查組長、副組長、秘書室、稽核室排定輪流值日，各單位主管報經理核定修改。

三、值日員之派定，不得互相推諉。

五、值日時間如下：

（甲）平時為每日下午公司辦公時間終了時開始至翌日上午公司辦公時間開始時終止。

（乙）例假分為日夜兩班，日班自上午九時起至下午五時止，夜班自下午

之時起至翌日上午公司辦公時間開始時止

五、值日員之遇有用戶請求或發生緊急事件者應負責會同或辦理之責
但遇緊急事件不能解決者由總值日電話報請 總協理及總工程
師核示辦理如電話不得由總值日相機處理

六、值日員之如遇發生火警盜竊變亂等緊急報告時應會同總值日各級
主管由其督令值日員之儀先搶救公物檔卷簿據以資公
司資產

七、總值日及各單位值日職員應將當值所辦事件分別紀錄於值日
記事冊並於次值日職務終了後將紀事冊移交後任交接時間應
由後任及各單位主管簽章閱看負責總值日記事冊並送請經理查
核閱

八、值日員之僱為保障公司安全而服務除不支任何津貼惟例假日
夜班值日得照本公司員工規則例假夜加發加班之規定發給津貼膳費
次當值後造冊具領

九、值日員之在值日時間內如發生有不盡責或疏忽因而貽誤要公事者得據情形
輕重分別處罰

十、本辦法自總協理核准之日起施行

重庆电力股份有限公司人事规则（一九四九年十一月） 0219-1-1

040

营业股

重慶電力股份有限公司人事規則

祕書室人事股

民國三十八年十一月

40-1

目錄

40-2

目錄

40-3

重慶電力公司職員任免規則

（三十一年十月廿日第七十次董事會通過）

第一條　本公司職員之任免除本公司組織規程另有規定外依照本規則辦理

第二條　本公司工務人員具有左列規則之一者

1國內外大學電機系或機械系畢業者

2曾在電力廠或機器廠担任技術工作服務在五年以上者

3高等工業學校畢業者

第三條　本公司非工務人員以具有左列資格之一者

1國內外大學或高中學校畢業者

2曾在事業機關服務三年以上而有辦事經驗者

第四條　本公司全體職員除總工程師由總經理聘任函董事會備案外其餘概由總經理任免之

第五條　各科室廠處之職員得由各該科室廠處之主管陳請總經理任免之

第六條　職員之任用分左列三種

1聘任　聘任總工程師時用之

2遴派　任用各科科長各室廠處主任及主任工程師時用之

3委派　任用聘任遴派以外各職員用之

40-4

第七條　職員之免職分左列五種
1辭職　自請辭去職務者
2停職留資　因疾病或其他不得已之事故而停止職務保留資格者
3裁遣　因裁併或減縮而裁遣者
4解職　依本公司職工獎懲規程之規定解除職務者
5開除　依本公司職工獎懲規程之規定開除職務者
第八條　停職留資之期限視其疾病或事故之輕重年資之深淺成績之優劣定之至多以一年爲限
停職留資之職工在核定期間以內得隨時申請准回公司服務逾期以辭職論
第九條　本規則經董事會議決施行

40-5

重慶電力公司職工保證規則

三十三年六月廿日
八十一次董事會通過

第一條　本公司職員及工友除聘任之職員或經總協理特許免保者外均須取具保證書其書式另訂之

第二條　辦理會計經管物品及有關現金出納之職員管理物品及傳送現金票據之工友其保證人之資格如左

1殷實商號工廠

2工商業界有信譽之人士

第三條　前條以外之職工其保證人之資格除適用前條規定外並得以左列之資格爲保證人

1現任政府機關荐任以上之職員

2有正當職業及有信譽之人士

第四條　保證人之服務或居住地點及商號工廠開設地點以在重慶市區內便於調查對保者爲限

第五條　職員之直系親屬及配偶兄弟姊妹不得爲各該職工之保證人

第六條　本公司之職工不得互爲保證人但小工學徒茶役如確實不能覓具妥保者得由本公司職員技工五人連帶保證

第七條　每一保證人對於本公司職工不得同時爲三人以上之保證人本公司職員技工連帶保證者亦同

第八條　職員保證書一份工友保證書同式二份應由保證人親自填寫並簽名蓋章其以商號工廠作保者

40-6

應由經理簽名蓋章並加蓋該商號工廠之正式印章

第九條　保證書應由被保人依法貼足印花稅票

第十條　保證書送祕書室審查合格後卽由祕書室派員對保經保證人在原書內復加簽蓋後再陳總經理核准將職員保證書交祕書室工友保證書以一份交祕書室以一份交工作部份存查

第十一條　保證書成立後如發現保證人有不適當情事得由祕書室隨時通知被保人更換之其舊保證書須俟新保證書經過前條規定手續後始由祕書室發還

第十二條　保證書成立後每年應復查一次由祕書室函知保證人限期函復聲明或由祕書室人事股持書赴保證人所在地復查應由保證人在原書內加以簽蓋

第十三條　被保人變更職務或服務所在地時保證人不變更保證責任

第十四條　保證人如欲聲明退保須直接以書面通知本公司卽由祕書室通知被保人覓換新保俟新保證書辦妥將原保證書發還後始能解除保證責任其依本規則第六條規定由五人連帶保證者如內中有一人聲明退保者卽視同全體退保

第十五條　保證人原簽蓋於保證書之簽字或印章如有變更或作廢時須直接以書面通知本公司並換發新保證書在新保證書未辦妥前原保證書仍舊有效其依本規則第六條之規定由五人連帶保證者如內中有一人聲明更換得在原保證書上另行簽蓋

第十六條　保證人之職業住址或其服務地點及商號工廠開設地點或其經理住址如有變遷暨保證人如死亡遠去或喪失保證能力時應報請更改或另行覓保其本規則第六條規定由五人連帶保證者如

40-7

內中有一人離開公司應即換保

第十七條　職工離開公司自其離開之日起滿六個月始將其保證書發還在此期間如發現該職工有未清事件得隨時通知原保證人轉知前來清理否則保證人仍應負責

第十八條　職工離開公司後如再入公司服務時無論保證書已否發還均應另具保證書

第十九條　職工在換保期間必要時得將其工作暫行停止俟換保手續辦妥再行開復

第二十條　本規則經董事會議決施行

重慶電力公司職工服務規則

中華民國三十一年十月廿日第七十次董事會議通過

第一條　本公司職工服務公司應忠勤謹廉對於本公司一切章程規則應恪守勿渝

第二條　職工除公司規定休假日外應依公司辦事時間逐日准時辦公不得遲到早退其指定值班者並應依照指定之時間到值時應親筆簽到

第三條　職工經辦事務應隨時趕辦不得積壓如須當日辦畢者並應延長時間辦理之

第四條　外勤職工經辦事務隨時由主管依照事實限定時間支配辦理逐日考核並按日陳報總經理

第五條　職工在辦公時間內非經主管之允許或請假不得擅離職守

第六條　職工如有意見應披誠陳述以供採擇並應服從上級職員之指導

第七條　職工對於用戶應謙和誠懇不厭繁瑣對於用戶委辦事件尤應周妥敏捷

第八條　職工對於公司之一切器材設備及材料燃料日用消耗品等應刻意愛惜撙節不得損傷浪費

第九條　職工無論故意或過失致公司受損害時除照職工奬懲規則辦理外並應負賠償之責

第十條　職工對於用戶不得有職務以外之行爲或舞弊營私情事

第十一條　職工不得兼任公司以外職務但經總經理核准者不在此限

第十二條　職工不得任意告退如因不得已之事故必須辭職時應陳總經理之核准

第十三條　職工調職時應迅予接替不得藉故推諉其應行交代人員亦不得藉故遲延

第十四條　本規則經董事會議決施行

40-9

重慶電力公司職工請假規則

三十年六月廿日第八十一次董事會通過

第一條 本公司職工請假悉依本規則辦理

第二條 核准請假權限如左

總工程師請假由總經理核准函董事會備案祕書正副科長及各室組處廠正副主任請假由總經理核准

其餘職工請假在三日以內者由主管人核准三日以上者由主管人核轉總經理核准

第三條 請假期限如左

事假：臨時發生事故或因事回籍必須請假時得請事假每年積計不得逾廿日其在七月以後到職者不得逾十日逾限按日照扣薪工津貼請假回籍者其往來旅程日數得不計入

病假：因疾病請假者每年積計不得逾一個月其在七月以後到職者不得逾十五日逾限得以事假所餘日數作抵逾一個月者給薪工津貼四分之三逾二個月者給薪工津貼半數逾三個月者給薪工津貼四分之一逾四個月者停薪逾六個月者停職但因公受傷並經特准者不再此限其因花柳病鬥毆致傷或戒吸毒物請假或因公受傷未經本公司醫師診斷證明必須休養而自願休養者均以事假論

婚喪假：因結婚請假者不得逾十日因喪事請假者父母或承重喪不得逾廿日祖父母或配偶喪

40-10

重慶電力公司職工請假規則

不得逾十五日但均得按其往來旅程請求加給日數逾限按日照扣薪工津貼

生育假：女職員因生育子女請假者亦不得逾一個月逾限按日照扣薪津

第四條　職工請假應依式填具請假單敍明事由起訖日期時間及代理人姓名由本人及其代理人簽名或蓋章陳經准假後送人事股登記各辦事處及發電廠應具備請假單正副兩張經核准後正張送人事股登記副張送還主管部份存查

第五條　假期內之代理人以辦理事務相同之同人爲限主管認爲必要時得逕行派人代理

第六條　假期內之星期日及其他例假日免予計算其在星期日及其他例假日曾經値日不以加工計資者得照其値日日數減少因假期逾限應扣之薪工津貼

第七條　請病假在三日以上者應先經本公司醫生或其他註冊醫生出具證明書連同請假單陳核

第八條　確因急事或重病不能親到請假者應於當日以書面或其他方法託由公司同人代理職務並代塡請假單陳核

第九條　假期屆滿不得到職者得聲明理由續假續假手續與請假同

第十條　凡未經請假請假未經核准或雖經核准而未將職務移交代理人擅離職守及假期屆滿並未核准續假亦不到職者均以曠職論曠職一日以事假二日論

第十一條　本規則經董事會議決施行修改時亦同

40-11

重慶電力公司職工卹養規則

三十八年八月廿二日第一〇八次董事會通過

第一條 本公司職工卹養金分下列三種

一，撫卹金 二，贍養金 三，退職金

第二條 職工服務一年以上者而在職死亡時除按其最後一月薪津所得發給兩個月作為喪葬費外並依下列標準核給撫卹金

服務年限	1	2	3	4	5	6	7	8	9	10	11	12	13	14	15	16	17	18	19	20
核給月數	1	2	3	4	5	6	8	10	12	14	16	18	20	22	24	26	28	30	33	36

上項撫卹金按其最後一個月薪津所得全數計算服務廿年以上者每多一年即加給三個月

第三條 職工服務十年以上具有特殊勞績而在職死亡時除按前條規定核給喪葬費及撫卹金外得由總經理提請董事會核給特別撫卹金

第四條 職工因公殉職時除按本規則第二條規定核給撫葬費及撫卹金外並加給其最後一年薪津額之撫卹金具有特殊勞績或因冒險救護公司財產以致殉職者得由總經理提請董事會核給特別撫卹金

第五條 撫卹金由死亡職工之法定繼承人具領

40-12

第六條　職工因公傷殘肢體經醫師診斷並由本公司查驗認爲確已不能工作自願退職者應照原薪按月發給百分之九十贍養金至死亡時爲止

第七條　職工因公死傷須由主管人將經過情形遞陳總經理查核

第八條　職工服務十年以上年逾五十精力已衰不堪任事自請退職者得依下列標準按月核給贍養金

一，服務廿年以上退職時薪津額全數

二，服務十五年以上不滿廿年者退職時薪津額百分之八十

三，服務十年以上不滿十五年者退職時薪津額百分之六十

職工年齡未逾五十而服務已滿廿年因久病衰弱經醫師證明須長期休養自請退職者得依第一項辦理

第九條　領贍養金之職工自退職之翌日起未滿三年死亡者得按本規則第二條之規定標準核給四分之三撫卹金三年以上未滿五年者核給二分之一撫卹金五年以上者不再給卹

第十條　領贍養金之職工應備具四寸半身照片一張繳由公司核發領款憑摺並留存印鑑

第十一條　職工領取贍養金自退職之翌日起至死亡之日止止領時應由其親屬繳銷取款憑摺違者一經查覺卽將其冒領數額加息追還

第十二條　職工服務十年以上因久病衰弱經醫師證明不堪任事自請退職者得依下列標準一次核給退職金具有特殊勞績者得由總經理提請董事會核酌加給

403

服務年限	核給月數
10	20
11	21
12	22
13	23
14	24
15	25
16	26
17	27
18	28
19	29
20	30

上項退職金按其最後一個月薪津總額計算服務廿年以後每多一年即加給三個月

第十三條 贍養金與退職金不得併給

第十四條 職工服務年限以實際到職之日起算其不滿一年之餘數如在半年以上以一年論其停薪留資者得將在職年月前後併計

第十五條 各項卹養金係按薪工及全月所得合併計算其他津貼如辦公費出勤費膳費值班津貼值日津貼加工及工友事假獎金等均不在內

第十六條 本規則由經理部份提請董事會議決施行修改時亦同

40-14

重慶電力公司職工疾病醫藥規則

三十三年二月七日
臨時董事會通過

第一條　本公司設醫務室專爲職工疾病時醫治所有醫治辦法及藥費負担悉依本規則辦理之

第二條　職工患病及受傷統由本公司醫務室免費醫治並免費供給普通藥品

第三條　職工因公受傷經各該主管確實證明幷經醫師認爲須送醫院醫治並報請總協理核准者所有住院醫藥費用概由公司負担

第四條　職工患病及受傷除因公受傷外主任醫師認爲須送醫院醫治並報請總協理核准者所有住院醫藥費用概由公司負担百分之六十

第五條　凡核准送醫院醫治之職工副科長及工程師以上得住頭等病房股長及副工程師以下得住二等病房其自願改住二三等病房者聽便技工見習以下概住三等病房如願照規定住較高病房者所有超過費用由各該職工自理公司不予負担或分担

第六條　職工患病或受傷如不照本規則二三四條規定辦法就醫而擅自行覓醫者或住院者所有醫藥費用公司概不負担

第七條　花柳病及職工患病時發覺染有毒品嗜好者公司概不負担或分担

第八條　補藥補針及高貴藥品（可改用代替品者）公司概不供給或分担費用

第九條　職工應行負担部份之醫藥費用經査明屬實無力支付而又病勢嚴重者酌予借支惟以一個月薪工爲限

第十條　職工眷屬患病得就醫務室診治惟不供給藥品

第十一條　本規則經董事會議決公布施行之

40-16

重慶電力公司職工疾病住院醫治規則

三十八年十月廿二日總經理核准

第一條　凡職工發生疾病或受傷過重非短時間所能痊愈或公司無治療設備得申請住院醫治

第二條　凡申請住院醫治之醫院均以本公司指定之醫院爲限

第三條　凡職工本人若係因公受傷者應由各科室主管人證明及醫師診斷均認爲必須住院醫治者由醫務室發給住院通知書再經主任醫師及各該部份福利委員認可蓋章送經理室核准後得辦理住院手續但福委會開會時仍須向大會提出報告追認之所需醫藥費用全由公司津貼

第四條　凡職工本人發生疾病申請住院者其手續次序與本規則第三條同惟公司僅能津貼全部醫藥費用百分之六十

第五條　凡職工眷屬因病申請住院醫治者其手續次序仍以本規則第三條辦理醫藥費用一項由該職工自理先行付給

第六條　凡患普通輕微疾病或不名譽之疾病者不得申請住院醫治

第七條　職工住院除由院方給予疾病上之必需藥品外不得配給補藥

第八條　職工住院之人數每月終由醫務室造冊三份彙報福利社由福利社轉送一份請公司備査

第九條　職工住院如無必須者不得强迫要求醫師簽發入院證明書否則請由經理室嚴格處理

第十條　本規則如有未盡事宜得請福利委員會決議修改之

第十一條　本規則由職工福利委員會通過後公布後施行並呈報經理室備案

40-17

重慶電力公司總公司值日暫行辦法

（三十八年十一月一日業務會報通過）

第一條 本公司為便於辦公時間以外與各方加強聯繫及處理臨時發生意外事件起見特訂本辦法

第二條 值日分下列三種

甲，總值日 乙，職員值日 丙，工役值日

總值日以主任祕書祕書助理祕書正副科長正副主任正副組長正副股長正副工程師等人員担任

職員值日以科員助理工程師見習工務員工務見習及僱員等人員担任

工役值日以茶役傳達等担任

第三條 總值日設一人職員值日各科室組共設四人由人事股按名冊依次輪流每日懸牌公佈但業務科電務科總務科三科因主管事務對內對外關係重要如遇當日無以上三科職員當值時業務科電務科總務科必須由科長臨時指派值日一人以便處理本科緊急事務此外出納股經管事務應由該股自行負責不與值日員工相涉

第四條 工役值日人數由總務科酌定後由庶務股每日懸牌公佈

第五條 以上值日員工一經輪流派定不得藉故推諉如因事請假得請人代理（即以請假單上之職務代理人為代理人）

第六條 值日時間如下

40-18

平時每日下午公司辦公時間終了時開始至翌日上午公司辦公時間開始時終止例假分為日夜兩班日班起截時間即平日辦公起截時間夜班即平時值班起截時間

第七條　值班人員因公務上之需要得指派調用公司汽車司機顧警傳達茶役由總值日負責指揮

第八條　總值日及值日暫以公司會議室為聯席辦公地點夜班須十一鐘後始得就寢值日員工應均住宿公司所需床被等物由總務料置備

第九條　值日員工如遇用戶請求詢問通常事件者應婉為答覆或負責處理之如遇重大事件不能解決者由總值日電話請示總協理總工程師辦理或相機電話通知主管部門辦理

第十條　各科室重要文件賬冊票據應由各主管人於每日辦公終了時自行負責清理檢納入箱內關鎖加封放置適當地點以便值日員工臨時搬運

第十一條　如遇火警應由總值日督率值日指揮工役及顧警搶救盡先搬運公物檔卷賬冊各單位之卷箱共有若干遇警應如何搬運如何搶救始敏捷妥當平時應由庶務股妥為籌劃並對工役詳細指示以免臨時忙亂

第十二條　總值日應將值班時間內發生或辦理各事紀錄值日簿內於次日值班時間終了時送總協理批閱後再行移交接班人

第十三條　為鼓勵員工奉公精神值日員工不支津貼但在值班時如遇重大事件處理適當或發生火警搶救努力之員工得由總值日報請總協理優予獎勵例假日夜班值日得照本公司星期例假職工加班規定支領津貼由庶務股於每次值班後按名造冊發給

40-19

第十四條　本辦法根據本年九月十二日公佈之值日暫行辦法將總公司部份加以改訂各廠處值日暫行辦法如需修改得另行簽請總協理核定之

第十五條　本辦法經總協理核准後施行

40-20

重慶電力公司職員簽到劃退辦法

三十七年七月份實行

一、本公司內外勤職員每日上午下午上班均須在主管科室組廠處簽到退班時並須劃退

二、簽到時間不得超過到公時間三十分鐘無特殊理由不得早退如遲到一次者或早退一次者申誡二次者扣全月薪津十分之一連續遲到或早退共滿三次者記過三次以上即行停職

三、簽到劃退均須本人簽字或蓋章不得請託他人代爲簽蓋違犯本條規定之職員無論請託人被請託人一經查實均即行停職

四、簽到劃退完畢由主管人簽字並註明完畢時間屬於各廠處者於次日送呈總經理核閱屬於本公司各室科組之簽到劃退簿由人事股按時收集送呈總經理核閱

五、在各廠處工作之燃料股材料股醫務室人員即在本廠處簽到劃退並由本廠處主管簽字證明完畢時間同第四條之規定呈閱

六、外勤職員須外出接洽公務時應事先向主管人陳明事由以便考核如查出有未經陳明理由私出情事照第二條規定辦理

七、簽到劃退簿由各主管單位彙存保管備查

八、本辦法由總經理核准公佈後施行並呈報董事會備案

40-21

重慶電力公司僱員臨工僱用辦法

三十七年七月十四日田總經理批「在未提交董事會通過以前如事實需要增加僱員臨工時可暫照本辦法辦理」

第一條　本公司各部門因工作需要得呈准總經理僱用臨時員工如工作不需要即予解僱

第二條　臨時僱用之職員稱僱員工人稱臨工

第三條　僱員臨工應照章塡具保證書對於本公司職工服務應守規程一律適用

第四條　僱員臨工不得與本公司職工同樣享受職工福利

第五條　僱員臨工按月支給津貼自到公司之日起支僱員每月以一市石五斗米折合法幣發給臨工每月以一市石米折合法幣發給

第六條　僱員臨工服務勤勞者年終由總經理酌予批給奬金

第七條　僱員臨工解僱時除發給當月津貼外不再給遣散費

第八條　本辦法經董事會議決施行

寫